Hessische Weiberwirtschaften

HÄDECKE

Hessische Weiberwirtschaften

Refugien für Leib und Seele

30 Wirtinnen und
ihre Lieblingsrezepte

Texte Barbara Goerlich
Fotos Angela Francisca Endress

1 Adel.es Restaurant, 36304 Alsfeld
2 Gasthof Hack, 34582 Borken-Kerstenhausen
3 Restaurant Sitte, 64283 Darmstadt
4 Weiberwirtschaft Auf Siebenmorgen, 65343 Eltville
5 Landhaus Bärenmühle, 35110 Frankenau–Ellershausen
6 Restaurant Opéra, 60313 Frankfurt am Main
7 Souper!, 60311 Frankfurt am Main
8 Iimori Pâtisserie & Restaurant, 60311 Frankfurt am Main
9 Restaurant Lohninger, 60594 Frankfurt am Main
10 Romantik Hotel Goldener Karpfen, 36037 Fulda
11 Restaurant Gernsheimer Schiff, 64579 Gernsheim
12 Jausenstation Weißenbach, 37247 Großalmerode-Weißenbach
13 Scheuer Cocktailbar, 36358 Herbstein
14 Hotel-Restaurant Krone, 64739 Höchst-Hetschbach
15 Rosis Restaurant, 65510 Hünstetten-Bechtheim
16 Restaurant Höerhof, 65510 Idstein im Taunus
17 Enoteca Osteria Weinstube, 34117 Kassel
18 Herbsthäuschen Waldgaststätte, 34131 Kassel-Bad Wilhelmshöhe
19 Restaurant Himmel und Erde, 65549 Limburg
20 Hotel Restaurant Dammühle, 35041 Marburg-Wehrshausen
21 Historisches Gasthaus Zum Grünen Baum, 64720 Michelstadt
22 Haus Schönblick Hotel-Restaurant, 64756 Mossautal-Güttersbach
23 Apfelwein Föhl, 63263 Neu-Isenburg
24 Breuer's Rüdesheimer Schloss, 65385 Rüdesheim am Rhein
25 Weinhaus Schaab Louis, 65428 Rüsselsheim
26 Gaststätte „Zum Deutschen Haus", 61250 Usingen-Eschbach
27 Hotel, Restaurant & Café Strandhaus No. 12, 34513 Waldeck am Edersee
28 Ayur Chili Kochschule, 61276 Weilrod-Mauloff
29 Curry Manufaktur, 65183 Wiesbaden
30 Gürre Stubb, 34628 Willingshausen

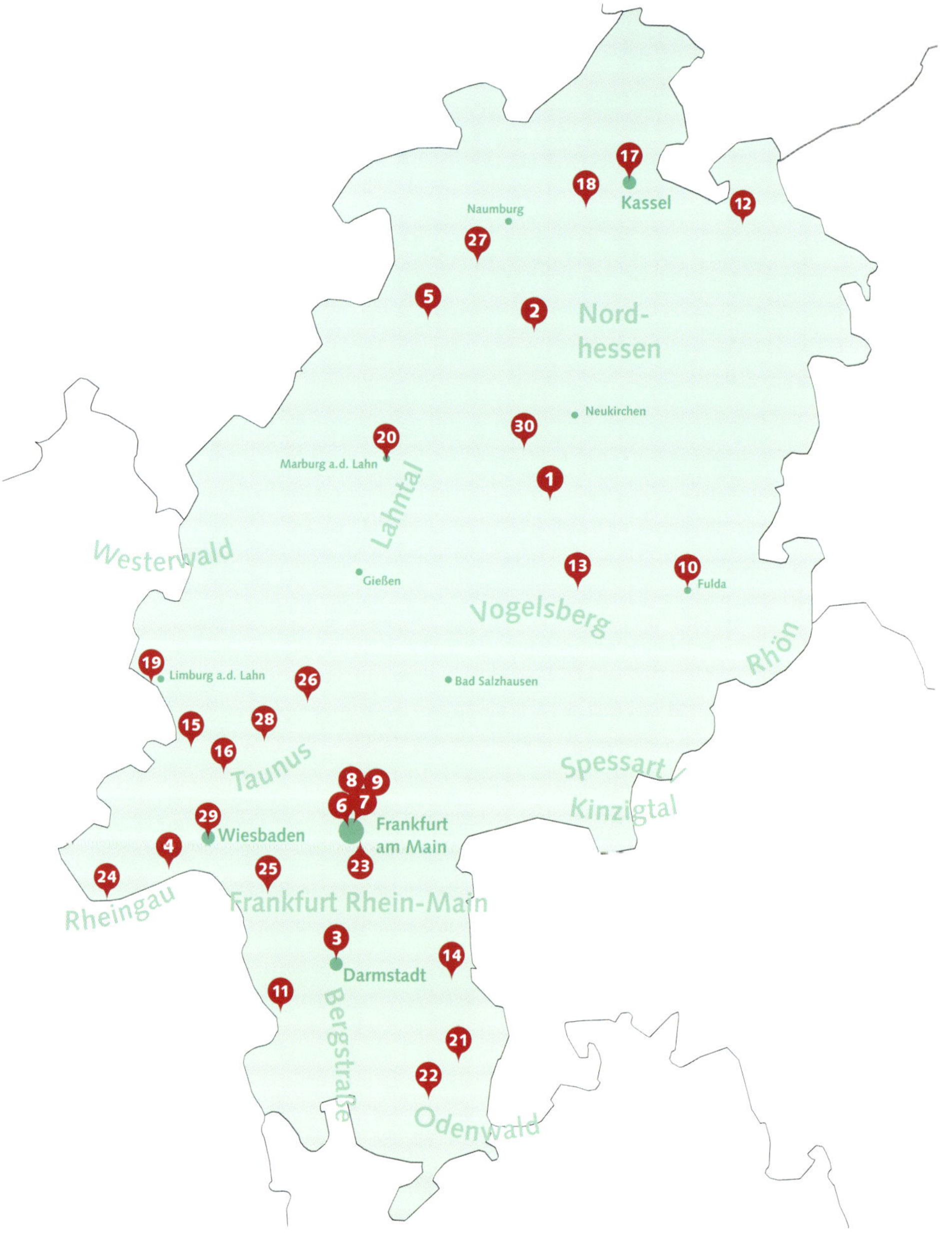

Vorwort

Die Wirtinnen und ihre Wirtschaften in diesem Buch stehen stellvertretend für die vielfältige Gastronomie in Hessen. Das internationalste deutsche Bundesland, dank Flughafen, Messe und Bankenzentrum in Frankfurt und einer außergewöhnlich exportorientierten Wirtschaft im gesamten Land, schafft ein ideales Umfeld, auf dem Gastfreundschaft und Gast-Wirtschaft erblühen.

Wir haben 30 authentische und schöne Weiberwirtschaften für dieses Buch aufgespürt, dabei in viele Töpfe geguckt, die Lieblingsgerichte der Wirtinnen aufgeschrieben und gefragt, wie sie wurden, was sie sind. Egal, welche Betriebe, Lebenswege und Ansichten sie haben mögen, eines eint sie alle: Sie sind Unternehmerinnen im klassischen Sinne. Frauen, die etwas unternehmen, um sich und ihre „Weiberwirtschaft" weiter voranzubringen.

Oft geschieht das noch in der klassischen gastronomischen Arbeitsteilung als Paar: der Mann kocht, die Frau arbeitet im Service, oder umgekehrt. Doch es gibt andere Konstellationen, die beweisen, dass Frauen sehr wohl auch „zusammen können", wenn Schwesternpaare oder Mutter und Tochter oder gleich mehrere Familiengenerationen Seite an Seite arbeiten.

Alle führen ihre Betriebe mit Lust am Beruf, sei es aus Familientradition oder aus Berufung, mit Engagement, Disziplin, Durchsetzungsvermögen – und einer gehörigen Portion Humor. Weiberwirtschaften sind Orte, an denen Genuss und Gastfreundschaft Priorität haben, doch auch ein besonderes Ambiente und gute Atmosphäre gehören dazu, wenn eine oder mehrere Frauen das Sagen haben.

Egal, ob sie am Herd oder im Restaurant ihre Frau stehen, ob echte Hessin oder „Eingeplackte". Das Buch handelt von der Japanerin, die in Frankfurt ihr Glück mit Sushi und Pâtisserie gemacht hat, der Werbemanagerin, die zur Apfelweinwirtin wurde, der Nordhessin, die italienischer kocht als eine italienische *mamma*, einer Bayerin, die auf den Taunushöhen feine Frischeküche zelebriert, einer Österreicherin, die es von der Alm in die Frankfurter Szene verschlagen hat oder, oder, oder. Es muss auch nicht immer Haute Cuisine sein. Weiberwirtschaften können deftig und fein, eine hat sich komplett der (Curry-)Wurst verschrieben, eine andere kocht nichts als Suppen.

Autorin und Fotografin möchten Ihnen, liebe Leserinnen und Leser, Lust und Appetit machen, die Weiberwirtschaften zu erkunden. Machen Sie sich auf ins Land der hessischen Weiberwirtschaften, in den Süden, Norden, Osten und Westen, und lernen Sie interessante Wirtinnen, Speisen, Getränke, Orte, Regionen und Landschaften kennen.

Viel Spaß beim Entdecken!

Ihre Barbara Goerlich

1

Adel.es verpflichtet

Anja Graulich verbindet in ihrem Restaurant Kulinarisches mit Stil und Design

Adresse
Adel.es Restaurant
Markt 2–3
36304 Alsfeld
Telefon 06631/705833
Fax 0321/22335372
E-Mail info@adeles.de
www.adeles.de

Öffnungszeiten
Restaurant: Di–Do ab 18 Uhr
Fr–So 11.30–14.30 Uhr und
ab 18 Uhr
Hotel: täglich, rund um die Uhr

Anja Graulich kennt die weite Welt aus ihrem früheren Leben als Managerin. Auf ihren Reisen hat sie unzählige Länderküchen kennen gelernt und daraus ihren ureigenen Fusion-Kochstil entwickelt. Gekonnt mixt sie Aromen, Zutaten und Garmethoden und setzt sie im Adel.es in Szene. „Genuss ohne Grenzen, für moderne Ess-Nomaden", nennt sie das.

Ihre Tage sind so voll gepackt wie früher als vielreisende Tourismusmanagerin. Und doch ist es eine ganze andere Lebensqualität, die Anja Graulich in der Selbstständigkeit erlebt. Eigenständig „gestalten und entscheiden können", seien unschätzbare Vorteile, findet sie. Als Wirtin in ihrem Restaurant Adel.es am Marktplatz von Alsfeld und Chefin ihrer kleinen Hotel-Villa mit schicken Gästesuiten findet sie ihr Leben heute aufregender und spannender denn je. Die gelernte Hotelkauffrau und Diplom-Betriebswirtin kann ihre Erfahrungen im Großen nun im eigenen Betrieb entwickeln und umsetzen. Als Vertriebs- und Marketingexpertin gehörten Reisen, Hotels und Events in aller Herren Länder fast zwei Jahrzehnte zu ihrem Alltag. Doch das Leben aus dem Koffer hatte irgendwann seinen Reiz verloren – und auch das Fernweh war gestillt. „Soziale Kontakte gehen flöten und man kommt aus dem Hamsterrad der Meetings, Termine und Verpflichtungen kaum heraus", schildert Graulich ihr Managerinnenleben. Sie wollte zurück ins „operative Geschäft" und bereitete ihren Ausstieg vor. 2006 beginnt sie, ihre neue Existenz in ihrer Heimatstadt Alsfeld aufzubauen. Schritt für Schritt: erst Catering, ein Jahr später das Restaurant. Sie baute das in die Jahre gekommene Gasthaus komplett um und nennt es „Adel.es". Ein Wortspiel,

Beste Lage direkt am Schwälmerbrunnen in der Alsfelder Altstadt.

◀ Die weitgereiste Gastronomentochter aus dem Schwalmtal setzt eigene Akzente.

das mit dem ursprünglichen Namen der Stadt Alsfeld kokettiert: Adelesfelt.

Hier kann sie mit Passion Gastgeberin sein, jeden Tag neu leben und erleben. Kunden sind hier keine abstrakte Größe in einem Marketingkonzept, sondern sitzen leibhaftig im Restaurant, mit Appetit und Erwartungen. Dem entspricht Anja Graulichs Vorsatz, ihre Gäste immer wieder zu überraschen und Neues entdecken zu lassen. Gastgeberin sein bedeutet „ein lebendes Gesamtkunstwerk zu schaffen", das kontinuierlicher Veränderung und Verbesserung unterworfen ist. Dabei kann sie auf ihr eingeschworenes Team in Küche und Service vertrauen.

Eine derart stylishe Lokalität gab es in der Fachwerkidylle Alsfeld vorher nicht.

Bei den Speisen geht es querweltein: Auf der Gourmetkarte stehen ambitionierte Menüs mit frischen Trüffeln, Jakobsmuscheln, Skrei oder Steaks vom Simmenthaler und Charolais Rind. Daneben bietet die Küche auch Bodenständiges: Salate, Flammkuchen, Pastagerichte und Wiener Schnitzel, alles frisch, mit Liebe und jenem gewissen Kick zubereitet, für den die Weitgereiste steht. Konkurrenz muss sie in Alsfeld nicht fürchten: „So kochen nur wir." Passend zu Anlass und Jahreszeit finden ihre Kreationen ihren Weg auf die Karte: Kräuter aus der Provence, Gewürze aus Indien, Essige aus Italien, Salze mit Hibiskus und Vanille, Pfeffer aus Tasmanien. So international sich die Küche ausnehmen mag, die Hauptzutaten beruhen weitgehend auf regionalen Produkten, gekauft bei Erzeugern der Umgebung oder aus eigenem Anbau.

Gemeinsam mit Partnern organisiert die zielstrebige Diplom-Betriebswirtin große und kleine Events und Caterings, gibt Kochkurse und lässt Interessierte an ihrem Talent für Dekorationen und Einrichtung teilhaben. „Ich denke, ich mache meinen Job gut, und der Spaß, den ich dabei habe, überträgt sich", findet Graulich. „Dadurch habe ich immer freundliche Leute um mich herum." Zwar koste der Job viel Kraft und Energie, doch es

komme auch viel zurück: „Lob und Dank der Gäste laden die Batterien wieder auf."

Die dynamische Anja Graulich bringt inzwischen auch ihre eigene Feinkost-Linie mit hausgemachten Marmeladen und Senfkreationen, darunter eine Kürbis-Pfirsich-Konfitüre zum Ziegenkäse, unter dem Adel.es-Namen heraus. Und die Eröffnung ihres kleinen feinen Garni-Hotels in einer denkmalgeschützten Villa am Rand der Innenstadt im Jahr 2012 war sicher nicht ihre letzte Tat. Sie hat den Umbau des Hauses in sieben Hotelsuiten als „Ein-Frau-Unternehmen" selbst geplant und mit lokalen Handwerkern umgesetzt. Die Zimmer ergänzen das Konzept „Kulinarik und Design", für das die polyglotte Alsfelderin steht.

In der Fachwerkstadt mit Charme sind unzählige historische Bauten zu entdecken.

Ausflugstipps

Der *Vogelsberg* ist eines der ältesten europäischen Vulkangebirge und bietet ideale Wander- und Radfahrbedingungen für jede Kondition.

Alsfeld war eine der ersten Kleinstädte, die sich lange bevor es entsprechende Gesetze gab, für den Erhalt ihrer historischen Bausubstanz eingesetzt hat. Als europäische Modellstadt für Denkmalschutz ist sie bekannt für ihre *Altstadt mit über 400 Fachwerkhäusern,* verwinkelten Gassen, kleinen Plätzen und lauschigen Ecken. Sehenswert sind das imposante Rathaus, Heimatmuseum, das Märchenhaus und die Kirchen. Ein original Alsfelder Kuriosum ist der Eisenwarenladen Carl Ramspeck am Marktplatz, dessen Geschichte bis ins Jahr 1823 reicht. Er führt fast alles.

unterrühren, mit Salz und Pfeffer abschmecken und nur noch heiß werden lassen.

■ Schalotten in einem Topf in Olivenöl glasig dünsten, mit Port- und Rotwein ablöschen. Vanillestange aufschneiden, hinzufügen und kochen, bis die Flüssigkeit auf ein Drittel reduziert ist. Fond unterrühren und erneut um die Hälfte einkochen. Vanillestange entfernen, Schokoladenstücke in der Sauce schmelzen lassen. Topf vom Herd nehmen, kalte Butter zum Binden stückchenweise unterrühren und die Sauce mit Salz abschmecken.

■ Zum Servieren den Backofen auf 180 °C Umluft vorheizen. Jakobsmuscheln in einer feuerfesten Form im Ofen zwei bis drei Minuten garen und heiß werden lassen. Auf Tellern mit etwas Sauce und Wildreis anrichten und mit Kräutern nach Wahl garnieren.

■ Dazu passt Vanille-Spargel (die Zubereitung steht beim Rezept zum Wildkräutersalat, Seite 12).

Barbarieentenbrust, Papaya-Zwiebel-Gemüse, Pasta und Safranschaum

4 Barbarie-Entenbrüste (vom weiblichen Tier) | 2 TL Gewürzmischung (z. B. „Adel.es", aus verschiedenen Pfeffer- und Salzsorten, Zwiebel, Petersilie, Knoblauch, Kerbel, Kreuzkümmel, Salbei, Thymian, Paprika, Muskat, Ingwer, Kurkuma, Beifuß, Liebstöckel, Majoran, Rosmarin und Bio-Orangenschale) | 2 EL Olivenöl zum Braten

Papaya-Zwiebelgemüse 1 feste Papaya | 2 mittelgroße, rote Zwiebeln | 2 EL Olivenöl | je 1 Msp geriebener frischer Ingwer, Kreuzkümmelpulver und brauner Rohrzucker | Salz und schwarze Pfeffermischung, frisch gemörsert |

Pasta 500 g frische Nudeln (hausgemacht oder aus dem Kühlregal)

Safranschaum 1–2 Schalotten, geschält und fein gewürfelt | 1–2 EL Olivenöl | 150 ml guter Fischfond | 100 ml Weißwein | 250 ml Sahne | 1 g Safranfäden, in 2 TL Milch eingeweicht | Salz und weißer Pfeffer, frisch gemahlen | 1 Schuss Anislikör | 50 g kalte Butter

■ Backofen auf 180 °C Umluft vorheizen.

■ Entenbrüste mit kaltem Wasser waschen und trocken tupfen. Die Fettseite mit einem scharfen Messer rautenförmig leicht ein-

schneiden, die Fleischseite mit der am besten frisch gemahlenen Gewürzmischung bestreuen. Die Brüste in einer ofenfesten Pfanne mit Olivenöl erst auf der Hautseite heiß anbraten, dann umdrehen und weiter braten, danach nochmals wenden und mit dem Bratfett mithilfe eines Löffels begießen. Anschließend die Pfanne in den Ofen schieben und das Fleisch je nach Größe noch acht bis zwölf Minuten rosa garen.

■ Papaya schälen, Kerne entfernen und das Fruchtfleisch in Würfel oder Spalten schneiden. Zwiebel ebenfalls schälen, halbieren und in dünne Scheiben schneiden. In einer Pfanne Olivenöl erhitzen. Zwiebeln und Papaya hineingeben, mit den Gewürzen bestreuen und alles ca. fünf Minuten schmoren lassen. Mit Salz und Pfeffer abschmecken, das Gemüse warm stellen.

■ Nudeln kurz vor dem Servieren in Salzwasser bissfest kochen und gut abtropfen lassen.

■ Schalotten im Olivenöl glasig dünsten. Fischfond, Weißwein und Sahne zugießen, Safranmilch unterrühren und die Flüssigkeit etwas einkochen. Mit dem Pürierstab pürieren, bis sich die Sauce gelb färbt. Mit Anislikör, Salz und Pfeffer abschmecken. Vor dem Servieren kalte Butter stückweise zugeben und mit dem Pürierstab schaumig aufschlagen.

■ Zum Servieren die Entenbrüste in Scheiben schneiden, mit Papaya-Zwiebelgemüse und Nudeln auf Tellern anrichten. Mit der schaumigen Safransauce umgießen und servieren.

2

Eile mit Weile – nur nichts überstürzen

Adresse
Gasthof Hack
Hoheneicher Straße 2
34582 Borken-Kerstenhausen
Telefon 05682/9960
www.gasthofhack.de

Öffnungszeiten
Mo, Mi–Sa ab 17 Uhr
So 12–14 Uhr

Katja Hack im Gasthaus Hack in der ehemaligen Bergbauregion

Seit über 120 Jahren ist der Gasthof Hack in Borken-Kerstenhausen in Familienbesitz – mittlerweile in der fünften Generation. Jetzt bringt Katja Hack frischen Wind ins Traditionshaus und eine gehobene, regional geprägte Landhausküche auf die Teller.

Katja Hack kennt die Welt der Sternegastronomie und Fernsehköche. Sie war selbst mitten drin und hatte doch immer im Hinterkopf, dass sie eines Tages den elterlichen Gasthof übernehmen würde. Im Jahr 2008 ließ sie Glamour und Großstadt hinter sich und kehrte zurück ins Gasthaus Hack in Borken-Kerstenhausen, einem 600-Seelen-Ort im Schwalm-Eder-Kreis. Die Heimat der Katja Hack dort im Kellerwald ist wunderschön, aber alles andere als der Nabel der (Gourmet-)Welt. Doch der weiße Fleck auf der kulinarischen Landkarte Nordhessens soll kleiner werden, hat sich die Küchenmeisterin vorgenommen. Dafür kocht und lebt sie und setzt den einheimischen Lieblingsgerichten ihre mediterran, regional und asiatisch geprägte Landhausküche entgegen – eine Mischung aus Hiesigem und „mitgebrachten Einflüssen" aus ihren Lehr- und Wanderjahren.

Aber das Gasthaus Hack bleibt auch unter ihrer Regie weiter „Wohnzimmer" für Stammgäste und Stammtische, während Hacks Essensgäste nebenan ein mehrgängiges Gourmet-Menü speisen. „Das Nebeneinander ist nicht ganz einfach, aber es funktioniert", freut sich Hack.

Die in der Region üblichen Schnitzel habe sie „ziemlich schnell" von der Karte verbannt. Stattdessen gibts Cordon bleu vom Kalb,

Das Familienwappen stammt aus der Zeit, als zum Gasthaus noch eine kleine Brauerei gehörte.

◀ Die abenteuerlustige Nordhessin kochte auch schon auf einer Fishing Lodge in Alaska.

gefüllt mit Birne und Gorgonzola, dazu gebratenen Radicchio mit Speckstreifen und Risotto. Das Rumpsteak kommt mit Pilzen, Oliven und Tomaten, auch Kaninchen steht auf der Karte. Langsam und in kleinen Schritten führt sie die Gaumen ihrer Stammgäste an Neues heran. Mit ihrer „Kerstenhäuser Duckefettsuppe“ hat sie einen lokalen Klassiker zu einem feinen Schmandsüppchen mit Kartoffeltatar und hauchdünn geschnittener Ahler Wurst optimiert. Besser kann man die Produkte der Region wohl nicht modernisieren. Sauerbraten macht sie vom Rehrücken im Speckmantel, dazu Pfefferkirschen, Rahmkohlrabi und Serviettenknödel. Salate, nicht gerade eine Domäne der Sterneküche, serviert sie statt mit der üblichen Putenbrust mit krosser Geflügelleber. Die Preise sind ländlich moderat, kein Wunder, dass die sonntäglichen Drei-Gang-Menüs oft ausgebucht sind.

Katja Hack interpretiert Regionales wie Ahle Wurst auf ihre Weise.

Eins nach dem anderen gilt auch fürs Ambiente, an dem Katja Hack nur marginale Änderungen vorgenommen hat. Sie tut dies ebenso einfühlsam und kreativ wie beim Malen, das sie als Hobby pflegt, oder Kochen, wo stimmige Proportionen und Farbspiel ein bestmögliches Gesamtbild auf dem Teller ergeben. „Ob Bild oder Gericht – beide wachsen im Kopf“, erklärt die Köchin, die alles selbst macht. „Soweit es irgendwie geht“ verwendet sie regionale Zutaten. Obst und Gemüse stammen aus der Region, Fleisch bezieht sie vom Metzger aus dem Nachbarort, der noch selbst schlachtet. Das Mehl fürs selbst gebackene Brot holt sie in der Obermühle Kerstenhausen.

Von klein auf wollte Katja Köchin werden. Nach ihrer Kochlehre hat sie sich vom Staatsbad Bad Wildungen über die Maritim-Hotelkette in den Deidesheimer Hof zu (damals) Manfred Schwarz gekocht, und danach zu Stefan Stiller ins Deidesheimer Lokal „Zur Kanne“.

Katja Hack bringt so schnell nichts aus der Ruhe. Sie arbeitet routiniert und ist gut organisiert. Eigenschaften, die sie sich in den Küchen verschiedener Sterneköche erworben hat. Darunter bei

TV-Koch Björn Freitag und als Küchenchefin im Mainzer Restaurant bei Frank Buchholz. Fernsehluft schnupperte sie als Köchin in der Doku-Serie „Die Bräuteschule 1958“. ..Eine tolle

Bekanntes wird behutsam erneuert.

Bei schönem Wetter zieht es die Gäste in den Biergarten.

… Unter dem Leitmotiv „Industriekultur erleben – Landschaftswandel erfahren“ wird gezeigt, wie aus ehemaligen Tagebaubrachen „Second-Hand-Landschaften“ entstanden sind, die heute zu den beliebtesten Naherholungszielen Nordhessens gehören. *www.borken-hessen.de*

„Kerstenhäuser Duckefett“ – Schmandsuppe mit Kartoffeltatar und Ahler Wurst

4 Kartoffeln | 125 g Speck, gewürfelt | 3 Schalotten, fein gewürfelt | 80 g Butter | 250 ml Fleischbrühe | 250 ml Sahne | 500 g Schmand (Sauerrahm) | 1 TL Majoranblättchen, gehackt | Muskat, frisch gerieben | Salz und Pfeffer aus der Mühle | 1 Bund Schnittlauch | 20 dünne Scheiben „Ahle Wurst“ (luftgetrocknete Rohwurst aus Nordhessen) | Salz | Muskat, frisch gerieben | Majoranblättchen zum Dekorieren

■ Kartoffeln in der Schale weich kochen.

■ Speck und Schalotten in einem Topf mit der Hälfte der Butter bei mittlerer Hitze glasig anschwitzen. Mit Brühe und Sahne ablöschen, Schmand unterrühren und bei kleiner Hitze leicht aufkochen. Suppe mit Majoran, Muskat, Salz und Pfeffer würzen, warm halten.

■ Gekochte Kartoffeln noch heiß pellen und mit einer Gabel grob zerdrücken. Schnittlauch fein schneiden und mit der restlichen Butter unter die Kartoffeln mischen. Mit Salz und Muskat abschmecken.

■ Kartoffelstampf mit Hilfe eines Metallrings in der Mitte der Suppenteller anrichten und mit Wurstscheiben belegen. Heiße Suppe um die Kartoffeln herum angießen, mit Majoranblättchen dekorieren und servieren.

Lachsforellen-Cannelloni auf geschmortem Fenchel

600–800 g Lachsforellenfilet | Salz und Pfeffer | 1 Handvoll Spinatblätter, blanchiert | 8 gekochte Nudelplatten zum Einrollen | 3 Schalotten, fein gewürfelt | 30 g Butter | 2 EL Zucker | 2–3 Limetten, geschält, in Filets | 200 ml Fischfond oder Brühe | 200 ml Sahne | Salz und Pfeffer | 2 Fenchelknollen mit Grün, geputzt | 2 EL Olivenöl | 1 TL Zucker | Salz und Pfeffer aus der Mühle | 1 EL Butter | 50 ml Weißwein

■ Lachsforellenfilets in acht gleichgroße Stücke teilen und würzen. Nudelplatten mit Spinat belegen, Fisch darauflegen und einrollen. Fest in hitzebeständige Frischhaltefolie eingeschlagen kalt stellen.

■ Für die Sauce Schalotten in Butter anschwitzen. Mit Zucker bestreuen, mit den Limettenfilets „ablöschen“. Mit Fond oder Brühe auffüllen und etwa auf die Hälfte einkochen. Dann die Sahne zugießen und nochmals um ein Drittel reduzieren. Sauce mit Salz und Pfeffer würzen, warm halten.

■ Fenchel in Streifen schneiden, Grün für die Garnitur beiseite

legen. Streifen in Olivenöl anbraten. Mit Zucker, Salz und Pfeffer würzen. Hitze reduzieren, Butter hinzufügen, mit Wein ablöschen und den Fenchel weich garen.

■ Eingewickelte Fischrollen im Dampf sechs bis acht Minuten garen.

■ Fenchel auf vorgewärmten Tellern verteilen. Cannelloni auspacken, quer halbieren und auf den Fenchel legen. Sauce nach Belieben schaumig aufschlagen, den Fenchel damit überziehen und mit Fenchelgrün dekorieren.

Schokoladen-Gnocchi mit Rosmarin-Birnen

150 ml Milch | 75 g Butter | 2 TL Zucker | 150 g Mehl | 3 TL Kakaopulver, schwach entölt | 2 Eier | 1 Eigelb | 1 TL Quark | Zucker zum Süßen des Blanchierwassers | Mehl zum Formen der Gnocchi | 2 EL Butter zum Braten | 1 EL Zucker

Rosmarin-Birnen 2 Birnen | 300 ml Weißwein | 150 g Zucker | 1 Zweig Rosmarin | 1 Gewürznelke | 1 Zimtstange | 10 ml Zitronensaft | 2 TL Vanillepuddingpulver, in etwas Wasser angerührt

■ Milch und Butter in einem Topf zum Kochen bringen. Zucker, Mehl und Kakao mischen und in einem Schwung in die kochende Milch einrühren. Masse im Topf rühren, bis sich am Boden ein leichter Belag bildet (vom Topfboden „abbrennen“). Topf vom

Herd nehmen, nach und nach die Eier, Eigelb und Quark unter die Masse rühren und erkalten lassen.

■ Einen zweiten Topf mit gezuckertem Wasser zum Kochen bringen.

■ Aus dem abgekühlten Teig kleine Gnocchi formen. Dafür den Arbeitstisch mit Mehl bestäuben, aus dem Teig Würste formen und davon 1–2 cm große Klößchen abstechen. Klößchen mit der Gabel zu Gnocchi drücken. Schokoladengnocchi ins siedende Zuckerwasser geben und bei kleiner Hitze gar ziehen lassen, bis sie an der Oberfläche schwimmen. Nun die Gnocchi mit einem Schaumlöffel aus dem Wasser nehmen, abtropfen lassen und auf einem geölten Blech ausgebreitet abkühlen lassen. Vor dem Servieren die Gnocchi in einer Pfanne mit zerlassener Butter und Zucker anbraten und leicht karamellisieren.

■ Birnen schälen, entkernen, in Spalten schneiden und mit Weißwein bedeckt zur Seite stellen. Zucker in einem Topf goldgelb karamellisieren. Vorsichtig mit dem Wein von den Birnen ablöschen (Achtung: spritzt!) und so lange köcheln, bis sich der Karamell komplett aufgelöst hat. Rosmarin, Nelke, Zimt und Zitronensaft zugeben, ein paar Minuten köcheln. Dann die Birnenspalten hinzufügen und nur kurz aufkochen. Kompott mit angerührtem Puddingpulver leicht binden.

■ Birnenkompott noch warm auf Tellern anrichten, Schokoladengnocchi frisch aus der Pfanne darüber verteilen und servieren.

Adresse
Restaurant Sitte
Karlstraße 15
64283 Darmstadt
Telefon 06151/22222
E-Mail info@restaurant-sitte.de
www.restaurant-sitte.de

Öffnungszeiten
Mo–So 11.30–0.30 Uhr

3

Schlemmen mit „Sitte“

Renate Bellin in ihrem urigen Restaurant Sitte mit internationaler Frischeküche

Renate Bellin ist nicht der Typ der klassischen Wirtin, und ihr Restaurant ist nicht der klassische Brauereiausschank. Alles ist eben ein bisschen anders, auch die Frau, die das Lokal, in Darmstadt liebevoll „die Sitte“ genannt, zum Erfolg geführt hat.

Dunkles Holz trägt zur behaglichen Atmosphäre „der Sitte“ bei.

Renate Bellin wurde nicht ins Wasser geworfen, sie hat sich selbst hineingeworfen. „Wenn die Existenz davon abhängt, dann kniet man sich eben rein“, erinnert sie sich an die Trennung vom Ehemann 1996, dessen Restaurant – „die Sitte“ – sie übernimmt. Gastronomische Erfahrung ging der alleinerziehenden Mutter dreier Söhne damals völlig ab. Trotzdem übernahm die gelernte Industriekauffrau Geschäft, Bankkredite und andere Lasten. Damals glaubte nur Einer an sie, ohne dessen Rat und Tat sie es nach eigenem Bekunden nicht geschafft hätte. „Ein Freund der Familie“, erinnert sie sich voller Dankbarkeit.

Ihr Einstieg als Wirtin war mehr als holprig. Anfangs habe sie sich hinter der Theke geradezu versteckt, erzählt sie. Renate Bellin machte Erfahrungen, die sie nie machen wollte, und lernte täglich dazu. Sie besuchte Kurse beim Gaststättenverband, übte Servieren und Teller tragen. Trotzdem wollten die Mitarbeiter ihre neue Chefin nicht akzeptieren. Alle sind gegangen; heute ein Segen für das neue Team.

Trotz fehlender Branchenkenntnis fand sie schnell die Schwachstellen. Das Problem war die Küche. Die Qualität war schwankend, es wurde zu teuer gewirtschaftet. Renate Bellin kaufte sich Kochkleidung und stellte sich zu ihren Mitarbeitern. „Ich konnte noch

◀ Die Gastronomin aus Zufall hat ihr Restaurant zum Erfolg geführt.

4

Ein bisschen Pink muss sein

Annette Müller und das Weiberteam in der Eltviller Weiberwirtschaft

Adresse
Weiberwirtschaft
Auf Siebenmorgen
Wiesweg 17
65343 Eltville
Telefon 06123/605760
E-Mail Weiberwirtschaft.eltville@yahoo.de
www.weiberwirtschaft-eltville.jimdo.com

Öffnungszeiten
Mo–Di, Fr–Sa ab 16 Uhr
So und feiertags ab 12 Uhr

Mit ihrer Weiberwirtschaft bringt die begeisterte Motorradfahrerin Annette Müller eine frische Brise in die Rheingauer Weinszene. Unter einem Dach hat sie Gutsausschank, Bistro und Weinlokal in buntem Mix neu interpretiert. Akzente in Pink und Uroma Augustes Rezepte setzen dem „Weiber"-Thema das Krönchen auf.

Weiberschoppen, Weiberfladen, Weiberstück ... Solche Namen stehen in der Karte, doch daraus sollte man keine falschen Schlüsse ziehen. Annette Müllers Weiberwirtschaft ist für alle da. Ihr Händchen fürs Dekorative hat die Wirtin hier voll entfaltet. Der traditionelle Gutsausschank Siebenmorgen, den sie 2010 übernommen hat, ist zwar noch erkennbar, doch sie hat dem Ambiente eine ganz eigene Note verpasst. Ihre Lieblingsfarbe lässt sich am neuen Look ablesen: Bezugsstoffe, Lampen und Kissen bis hin zu den Geranien in den Kästen – alles pink. Rosa Stöckelschuhe auf der Fensterbank und Barhocker mit rosa Plüschbezug verleiten zum Schmunzeln. Das ist verspielt, ohne kitschig zu sein. Im Sommer lädt die Terrasse mit herrlichem Blick auf die Weinberge und den Rhein ein.

Den Namen Weiberwirtschaft hat Annette Müller bewusst gewählt. „Er macht die Leute neugierig", zumal in einer Gegend, wo die Lokale Rebstock, Traube oder nach dem Weingut heißen, in dem sie ihren Sitz haben. Aus dieser Uniformität ragt die Weiberwirtschaft heraus, auch wenn manche dort anfangs einen „Emanzenladen" vermuteten. „Es gab Männer, die vorsichtig anfragten, ob sie denn auch willkommen seien", lacht die Wirtin. Wer deftiges

Geöffnet für alle – nicht nur für „Weiber".

◀ **Annette Müller kann sich auf ihr Team verlassen.**

Weiberfladen „Adonis' Kuss"

Pro Portion

Teig 200 g Mehl | Wasser (nach Bedarf) | ¼ Tasse Pflanzenöl | Pfeffer und Salz | Gartenkräuter, fein gehackt

Belag 100 g Hackfleisch | 1 EL Olivenöl | 2 EL Schmand | 1 Tomate, gewürfelt | 50 g Fetakäse | 6 grüne Peperoni | 7 gemischte Oliven | Salz und schwarzer Pfeffer, frisch gemahlen | frische Gartenkräuter z. B. Rucola, Petersilie, Rosmarin etc.

■ Mehl und Öl in einer Schüssel vermischen. Nach und nach etwas Wasser dazugießen und kneten, bis der Teig eine feste, nicht klebende Konsistenz bekommt. Mit Salz, Pfeffer und Kräutern würzen und abschmecken. Fertigen Teig mit Mehlhilfe ca. zentimeterdick ausrollen und auf ein Pizzablech legen.
■ Backofen auf 220 °C Umluft vorheizen. Hackfleisch mit Öl in einer Pfanne anbraten, danach abkühlen lassen. Teigfladen zuerst mit Schmand bestreichen, dann die Tomatenwürfel darauf verteilen. Fetakäse darüber bröseln, zum Schluss Peperoni und Oliven auf den fertig belegten Adonis' Kuss legen und das Blech für 25–30 Minuten in den vorgeheizten Backofen schieben. (Wer alternativ die Möglichkeit hat, bäckt den Fladen für ca. 10 Minuten im 320 °C heißen Pizzaofen.) Der fertige Fladen sollte eine knusprig braune Farbe haben und sich leicht vom Blech lösen lassen.
■ Mit Salz und Pfeffer würzen, nach Belieben auf einem Holzbrett, mit Gartenkräutern garniert, servieren.

Bruschetta à la Oma Auguste

Pro Portion
100 g Hähnchenbrust | 1 EL Olivenöl zum Braten | Salz und weißer Pfeffer, frisch gemahlen | 1 Scheibe frisches Bauernbrot | 2 EL Schmand | 2 EL Tomatenwürfel aus der Dose | ½ frische Tomate, Strunk entfernt | Salz und schwarzer Pfeffer, frisch gemahlen | 2 TL Parmesan, gerieben | Gartenkräuter, gehackt (z. B. Rosmarin, Thymian, Basilikum, glattblättrige Petersilie, Lauchzwiebeln)

■ Hähnchenbrust in Würfel schneiden, in einer Pfanne mit Öl von allen Seiten heiß anbraten, mit Salz und Pfeffer würzen. Fleisch auf Küchenpapier abtropfen lassen, warm halten.
■ Backofen auf 160 °C vorheizen. Brot mit Schmand und abgetropften Tomatenwürfeln bestreichen. Frische Tomate in kleine Stücke schneiden und ebenfalls auf die Brotscheibe legen. Mit Pfeffer und wenig Salz würzen, mit Parmesan bestreuen. Die Bruschetta auf einem Blech zehn Minuten im vorgeheizten Backofen rösten (alternativ fünf Minuten im 320 °C heißen Pizzaofen).
Oma Augustes Bruschetta ist fertig, wenn der Parmesan goldbraun geschmolzen ist.
■ Mit gehackten Kräutern und den noch warmen Hähnchenbrustwürfeln bestreuen und servieren.

B

5

Landleben mit allen Sinnen genießen

Bettina und Christiane Kohl und ihr Landhaus Bärenmühle im idyllischen Lengeltal

Adresse
Landhaus Bärenmühle
35110 Frankenau-Ellershausen
Telefon 06455/759040
Fax 06455/7590422
E-Mail info@baerenmuehle.de
www.baerenmuehle.de

Öffnungszeiten
täglich durchgehend warme Küche, abends nur Menü (drei bis fünf Gänge), kleine Karte über den Tag

In der Bärenmühle sind die Kohl-Schwestern aufgewachsen, von dort gingen sie hinaus in die Welt. Christiane als Journalistin nach Hamburg und Rom, Bettina als Tänzerin, Unternehmerin und Lederdesignerin nach New York. Bis sie „diese Schwesternsache" starteten und daheim ein charmantes Landhotel entstehen ließen.

Schon bei der Anfahrt beginnt für Mühlengäste die Auszeit vom Alltag. Ein schmaler Waldweg führt durchs Lengeltal zur Bärenmühle der Schwestern Christiane und Bettina Kohl. „Ich bin in vielen Hotels zu Hause gewesen", sagt Christiane Kohl, „deshalb haben wir uns beim Umbau vor allem daran orientiert, was wir selbst als Gäste mögen." Die renommierte Journalistin, Buchautorin und langjährige Korrespondentin der Süddeutschen Zeitung holte gemeinsam mit Schwester Bettina den Familiensitz aus dem Dornröschenschlaf. Ihre Mutter führte dort einst eine Pension, die bei Künstlern und „allerlei verrückten Leuten" beliebt war. Jahrzehnte später standen die Schwestern vor der Entscheidung: Was tun mit dem Anwesen? Im Jahr 2000 begannen sie, in das verlassene Elternhaus zu investieren. So entstand, peu à peu, ein Landhotel mit 13 Zimmern, Suiten und Ferienwohnungen. „Mittlerweile sind wir beim Feinschliff", sagt Bettina Kohl stolz.

Nach dem Abitur konnten die beiden Schwestern nicht schnell genug der Heimat entfliehen. Bettina ließ sich in Berlin zur Tänzerin ausbilden und ging nach New York, um weiter „modern dancing" zu studieren. Sie gewann bei der Green Card-Lotterie eine Arbeits- und Aufenthaltsgenehmigung für die USA, stieg ins Cate-

Draußen Natur pur, drinnen Lebenslust mit stilvollen Tafelfreuden.

◀ Schwestern mit dem Händchen für entschleunigtes Landleben.

Zum stilvollen Refugium gehören der Park mit Schwimmteich und Blockhaussauna.

ringgewerbe ein und machte sich als Designerin ausgefallener Lederjacken einen Namen. Derweil war Schwester Christiane als Italien-Korrespondentin für den SPIEGEL in Rom.

In der Planungsphase der Bärenmühle gingen unzählige Faxe mit den Umbau-Entwürfen zwischen Rom und New York hin und her. Später trugen die Schwestern Möbel und Accessoires zusammen, die den Zimmern Themen und Namen gaben. Wie ein roter Faden ziehen sich Geschichten der Region durchs Haus. Heute können die Gäste wählen zwischen den Gebrüder-Grimm-Stuben, dem Schäferstübchen oder der Wildererfalle, wo ein Kronleuchter aus Geweihen an der Decke hängt.

Eine Nacht lang diskutierten die Schwestern, dann stand fest, wer permanent vor Ort bleibt: Nach 30 Jahren Großstadt kehrte Bettina zurück ins Elternhaus, während Christiane, inzwischen Korrespondentin der Süddeutschen Zeitung, ihre Zeit zunächst zwischen dem Büro im nahen Thüringen und dem Lengeltal aufteilte. Heute arbeitet Christiane als Buchautorin und bringt viele Ideen ein, die Schwester Bettina perfekt umzusetzen versteht. Etwa den Baldachin über der Terrasse: Damit Gesellschaften draußen feiern können, auch wenn das Wetter nicht mitspielt, musste ein maßgeschneidertes Dach aus Planen her – Bettina nähte es eigenhändig. Auch die schicken Lederwesten der Mitarbeiter hat sie entworfen und geschneidert.

„Wir denken global und arbeiten gerade deshalb regional", sagt Christiane. Die Küche zaubert Gerichte mit nordhessisch-französischem Esprit auf den Tisch – eine Hommage an die Hugenotten, die sich im 18. Jahrhundert in der Gegend niederließen. Selbstverständlich werden fürs kräftige Bären-Frühstück bis zum stilvollen Abendmenü bei Kerzenschein vornehmlich frische, regionale Zutaten verwandt. Der Waldblütenhonig stammt aus dem Lengeltal, den Bio-Ziegenfrischkäse bezieht die Küche von einer benachbarten Käserei, frische Eier, Kartoffeln und luftgetrockneter Schinken kommen direkt vom Bauern. Filets von Rindern der Piemonteser Rasse liefert ein Züchter aus dem nahen Burgwald, und das Bier vom Hofbrauhaus in Bad Arolsen kommt ohne Konservierungsstoffe aus. Aus dem Fischteich holt der Küchenchef frische Forellen für die Ceviche als Vorspeise.

Wohlfühlen à la Bärenmühle, innen wie außen ein Genuss.

Gemüse und Kartoffeln sind nicht nur Beilage, sondern wesentliche Zutaten einer Komposition. Ganz davon abgesehen, dass „alte" Gemüse wie lila Karotten nicht nur gut schmecken, sondern auch sehr dekorativ sind. Statt Torten gibt es Blechkuchen nach Großmutters Rezepten, außerdem hausgemachte Pralinen, himmlische Desserts und selbst gebackenes Brot.

Das Restaurant der Bärenmühle zieht immer mehr Besucher an, die abends dort wie auch die Hausgäste das Menü des Tages genießen. Eine Speisekarte mit à la carte-Gerichten wird es „nie" geben, sind sich die Schwestern einig – „weil wir extremen Wert auf Frische legen", sagt Bettina. Aber natürlich werde auf Sonderwünsche eingegangen und es gibt tagsüber eine kleine Karte für Wanderer.

Das Tal der fünf Mühlen ist „ein Gesamtkunstwerk der Naturkultur", erklärt Christiane. Landschaftliche Schönheit, himmlische Ruhe und schön restauriertes Fachwerk. Da Mobilfunknetze hier meist passen, werden die Gäste „zwangsentschleunigt". Entspannen können sie auf dem Gelände, am Badeteich oder im kleinen Saunahaus, das auch exklusiv gebucht werden kann. Einmal im Jahr findet zudem ein Literatur-Festival statt, das die Schwestern gemeinsam mit zwei Hotels der Region Nationalpark Kellerwald-Edersee ins Leben riefen. Da sind dann erstklassige Autoren und spannende Workshops zu erleben. „Natur, Kultur und Kulinarik gehören zusammen", sind sich die Schwestern einig.

Mitten im Grünen entspannt genießen.

Ausflugstipps

Das *Lengeltal* ist idyllisch romantisch und lässt sich zu Fuß oder mit dem Rad bequem entdecken. Der Weg führt durch eine natürliche Kulturlandschaft, deren Gebäude unter Denkmalschutz stehen. *www.ellershausen.info*

Kloster Haina: Die Kirche des ehemaligen Zisterzienserklosters am UNESCO-Nationalpark Kellerwald-Edersee zählt zu den bedeutendsten frühgotischen Baudenkmälern in Deutschland. Dazu gehört eine Parkanlage. *www.haina.de*

Frankenberg, mit seinem Fachwerkkern und dem zehntürmigen, 500 Jahre alten Rathaus, ist bekannt durch die Firma Thonet, die hier seit bald 200 Jahren Möbel herstellt. *www.thonet.de*

Ziegenkäse-Soufflé mit hausgemachtem Apfel-Chutney

Apfel-Chutney (ergibt ca. 2 kg)
1 ½ kg säuerliche Äpfel (z.B. Elstar) | 3 Zwiebeln | 1 rote Gemüsepaprika | 2 Knoblauchzehen | 1 Zitrone | 150 g Rosinen | 450 g Zucker | 250 ml Weißweinessig | 2 TL Brotgewürzmischung (Fenchel, Anis, Koriander und Kümmel gemischt) | 1 TL Zimtpulver | 1 TL Salz | ½ TL schwarzer Pfeffer, grob zerstoßen

Soufflé 50 g Butter | 50 g Mehl | 300 ml Milch | 85 g mittelalter Ziegenhartkäse, gerieben | 1 TL Senf | ½ TL Thymianblättchen, fein gehackt | 2 Eier | Butter für die Förmchen

Nach Belieben: Salat-, Kräuter- oder Wildkräuterblättchen, Apfelschnitze, Walnüsse zum Garnieren

■ Die Äpfel schälen und vierteln, Kerngehäuse entfernen, Fruchtfleisch grob schneiden. Zwiebeln schälen, Paprika putzen, beides in grobe Stücke schneiden. Knoblauch schälen und fein schneiden. Zitronenschale bis auf das Fruchtfleisch abschneiden, dann die Frucht in Stücke schneiden.

■ Alle Zutaten in einen Topf geben und bei kleiner Hitze köcheln, bis die Äpfel weich sind. Nicht zu oft umrühren, da das Chutney sonst musig wird.

■ Apfel-Chutney sehr heiß in vorgewärmte, sterilisierte Gläser füllen, verschließen, auf den Deckel stellen und erkalten lassen.

■ Für das Soufflé die Butter in einem Topf schmelzen, Mehl hinzufügen, beides unter Rühren bei kleiner Hitze etwa fünf Minuten langsam köcheln. Milch zugießen und mit dem Schneebesen zu einer glatten Masse rühren. Topf vom Herd nehmen, Ziegenkäse, Senf und Thymian unterrühren, Masse abkühlen lassen. Eier trennen, Eigelbe unter die Soufflémasse mischen, mit Salz und Pfeffer abschmecken.

■ Backofen mit auf 180 °C vorheizen. Eiweiß in einer sauberen Schüssel steif schlagen und unter die Masse heben. Soufflémasse in gebutterte Förmchen geben und in eine mit Wasser gefüllte Fettpfanne stellen. Im Wasserbad im vorgeheizten Ofen ca. 20 Minuten auf der mittleren Schiene backen. Soufflés danach zehn Minuten abkühlen lassen, vorsichtig aus den Förmchen stürzen und auf Tellern anrichten. Je einen Löffel Apfel-Chutney dazugeben, nach Belieben mit Salat- und Kräuterblättchen, Apfelschnitzen und Walnüssen garnieren und sofort servieren.

Roastbeef mit Senf-Hollandaise, Zwiebel-Confit und Dauphine-Kartoffeln

750–800 g Roastbeef | 2 Knoblauchzehen, geschält und in Scheiben geschnitten | 4 EL Olivenöl | 2 Rosmarinzweige | 4 Thymianzweige

Zwiebel-Confit 3 Zwiebeln | 3 EL Olivenöl | 1–2 TL Aceto Balsamico | 100 ml Rotwein | 200 g Zucker | Nach Belieben: 1 TL Brotgewürzmischung (Fenchel, Anis, Koriander und Kümmel gemischt) und ½ TL Thymianblättchen | Salz und Pfeffer

Dauphine-Kartoffeln 500 g mehlige Kartoffeln | 50 ml Milch | 25 g Butter | 25 g Mehl | 1 Ei | Salz und Pfeffer | Öl zum Frittieren

Senf-Hollandaise 50 ml Weißwein | 50 ml Weißweinessig | 50 ml Wasser | 1 EL Zwiebelwürfel | 1 Lorbeerblatt | 1 TL Pfefferkörner | 2 Eigelbe | 125 g Butter | 1–2 EL grober Senf | Salz und Pfeffer

■ Roastbeef am Vortag mit Olivenöl einreiben, Kräuter und Knoblauch dazugeben und über Nacht marinieren.

■ Das Fleisch von allen Seiten kurz anbraten, dann im vorgeheizten Backofen mit Niedrigtemperatur bei 60 °C langsam garen. Sobald eine Kerntemperatur von 59 °C erreicht ist (nach 3–4 Stunden, mit Fleischthermometer kontrollieren), ist das Fleisch innen noch schön rosa und servierbereit.

■ Für das Confit Zwiebeln schälen, vierteln und in Streifen schneiden. In einem Topf bei mittlerer Hitze mit Olivenöl glasig anschwitzen. Aceto Balsamico und Rotwein hinzufügen, Zucker (und Gewürze) unterrühren und köcheln, bis das Confit eingedickt ist. Mit Salz und Pfeffer würzen.

■ Für die Dauphine-Kartoffeln Kartoffeln schälen und in Salzwasser weich kochen. Wasser abgießen, Kartoffeln bei niedriger Temperatur auf dem Herd vollständig ausdampfen lassen. Kartoffeln stampfen oder durch die Presse drücken.
■ In einem Topf Milch und Butter erhitzen, bis die Butter geschmolzen ist. Mehl unterrühren, ein bis zwei Minuten garen, bis die Masse glänzt. Topf vom Herd nehmen, Masse abkühlen lassen und das Ei unterrühren. Mit den Kartoffeln gut vermischen, den Teig mit Salz und Pfeffer abschmecken.
■ Öl in einer Friteuse auf 180 °C erhitzen. Von der Kartoffelmasse kleine Nocken abstechen und im heißen Öl goldbraun backen. Auf Küchenpapier abtropfen lassen.
■ Für die Hollandaise Weißwein mit Essig, Wasser, Zwiebeln, Lorbeer und Pfeffer in einem kleinen Topf erhitzen, auf die Hälfte reduzieren und die Reduktion durch ein Sieb in eine Rührschüssel passieren. Abkühlen lassen, Eigelbe hinzufügen und die Masse mit dem Schneebesen im heißen Wasserbad schaumig aufschlagen.
■ Butter schmelzen und unter kräftigem Rühren tröpfchenweise zugeben, bis alle Butter eingearbeitet ist. Hollandaise mit Senf, Salz und Pfeffer abschmecken.
■ Zum Servieren das saftige Roastbeef in Scheiben schneiden, mit den Dauphine-Kartoffeln auf Tellern anrichten. Je etwas Senf-Hollandaise und Zwiebelconfit auf das Fleisch geben und servieren.

Thymianparfait mit karamellisierten Quitten

Parfait 300 ml Sahne | 100 g Honig | 1 TL frische Thymianblättchen | 4 Eigelbe
Quitten 2 reife Quitten | ¼ l Weißwein | 3–4 Sternanis | ⅛ l naturtrüber Apfelsaft | etwas Gelierzucker, nach Bedarf | Rohrohrzucker | 4 Thymianzweige

■ Sahne steif schlagen und kalt stellen. Honig und Thymian in einem Topf erhitzen und fünf Minuten ziehen lassen. Thymianhonig lauwarm abkühlen lassen.
■ Eigelbe leicht aufschlagen und den lauwarmen Honig nach und nach darunter rühren. Ei-Honig-Mischung schlagen, bis sie kalt ist. Steif geschlagene Sahne unterheben, Masse in Portionsförmchen gießen und im Gefrierschrank gefrieren lassen. Das Parfait am besten am Vortag zubereiten.
■ Backofen auf 175 °C vorheizen. Quitten gut abreiben, vierteln und Kerngehäuse entfernen. Quittenviertel in eine feuerfeste Form legen, Weißwein angießen und Sternanis dazugeben. Im vorgeheizten Backofen 30–40 Minuten weich garen.
■ Vier Viertel aus der Form nehmen, mit Apfelsaft und eventuell mit Gelierzucker aufkochen lassen, glatt pürieren.
■ Die anderen Quittenviertel mit dem Zucker überstreuen. Mithilfe eines Gasbrenners oder unter dem Grill karamellisieren.
■ Zum Servieren das Parfait ca. zehn Minuten antauen lassen. Dann die Förmchen kurz in heißes Wasser tauchen, damit es sich besser löst. Parfait aus den Förmchen stürzen und auf Tellern anrichten. Mit etwas Quittenmus auf dem ein karamellisiertes Quittenviertel garniert ist und Thymianzweig servieren.
■ Im Sommer passen auch *Balsamico-Erdbeeren* hervorragend zum Parfait:

100 ml Aceto Balsamico | 100 ml Holunderbeerensirup | 50 g Zucker | 250 g Erdbeeren, Grün entfernt
■ Aceto Balsamico mit Sirup und Zucker einkochen. Erdbeeren vierteln, mit der erkalteten Balsamicosauce vermischen und etwas ziehen lassen.
■ Mit dem Parfait anrichten und servieren.

6

Geht nicht, gibts nicht

Konstantina Dagianta: Direktorin im Restaurant Opéra und Alte Oper Gastronomie

Adresse
Restaurant Opéra
in der Alten Oper
Opernplatz 1
60313 Frankfurt am Main
Telefon 069/1340215
Fax 069/1340239
E-Mail info@opera-restauration.de
www.opera-restauration.de

Öffnungszeiten
Mo–Fr 12–15 Uhr
Sa 11–15 (Samstagsjause)
So 11–15 (Brunch)
Mo–So ab 18 Uhr

Wohl keine Chefin in Frankfurt wird im Dienst so häufig geherzt und mit Luftküsschen bedacht wie die aparte Griechin im Restaurant Opéra. Konstantina Dagianta kennt prominente Banker, Künstler und Politiker persönlich. Sie hat nur ein Bestreben: Ihren Gästen Freude bereiten.

„Dem Wahren, Schoenen, Guten“ war Frankfurts Konzerthaus Alte Oper schon immer verpflichtet. Seit Konstantina Dagianta dort Gastronomieregie führt, können die Frankfurter auch kulinarisch stolz auf das schönste Gebäude ihrer Stadt sein. Umsicht, Charme, Takt und jene entwaffnende Freundlichkeit, der auch nörgeligste Gäste nichts entgegensetzen können, sind Dagiantas Erfolgsgaranten.

Das historische Foyer auf der Bel Etage der Alten Oper bildet den Rahmen für Frankfurts exklusivste „Kantine“. Hierher führen die Vorstände aus den Bankentürmen der Umgebung ihre Gäste aus, sitzen die Stützen der Frankfurter Geschäftswelt zu Tisch, gabeln Ladies who Lunch filigrane Spaghettini und staunen Touristen angesichts der kunstvollen Deckengemälde, vergoldeten Spiegel und üppigen Samtportièren und der grandiosen Aussicht. Abends speisen Konzertbesucher, Genießer und Flaneure in dem stilvollen Restaurant.

Die Tochter griechischer Eltern ist in Wiesbaden geboren und aufgewachsen. Da das Kind nur Deutsch sprach, kam die kleine Konstantina zu den Großeltern nach Piräus in die Grundschule. Später machte sie auf dem griechischen Lyzeum in Wiesbaden

Entrée in die kulinarische Welt der Alten Oper mit Restaurant, Café und Pausenservice bei Konzerten.

◀ Die Opéra-Chefin leitet ihr Restaurant mit Stil, Charme – und fester Hand.

Die Oper: architektonisches Kleinod inmitten der Banken-Hochhäuser.

auf Griechisch mit den Fremdsprachen Deutsch, Latein und Alt-Griechisch ihr Abitur. Sie jobbte beim Anwalt und als Zigarren-Promoterin, durch das Kellnern im Wiesbadener Kurhaus finanzierte sie ihr Studium der Literatur, Philosophie und Sozialpädagogik. Kurhaus-Gastronom Gebhard Bucher erkennt ihr Potenzial und trägt „dem Mädchen" die Leitung des Opéra an: „Wenn es einer machen kann, dann du." Doch die frisch examinierte Magistra zog es zunächst in den Journalismus. „Just for fun" habe sie 2003 im Opéra angefangen und es keinen Tag bereut. Von Anfang an war es Liebe und Leidenschaft für einen Beruf, in dem sie jedem Gast zeigen kann, dass er ganz besonders willkommen ist.

Es war ein großer, aber richtiger Schritt. Fachwissen erwarb sie in Seminaren und Schulungen. Zudem kann sie stets auf die Unterstützung ihrer Chefs zählen. Die Opern-Gastronomen Gerd Käfer, Gebhard Bucher und Roland Kuffler sind „die drei Männer in meinem Leben". Sie haben sie immer unterstützt: „Du kannst das." Ihre Eltern waren mit der Berufswahl anfangs nicht so glücklich. Inzwischen sind sie stolz auf ihre Konstantina. Zumal diese 2010 zur Direktorin der gesamten Gastronomie der Alten Oper befördert wurde. Dazu gehören auch die Bewirtung für Bälle und Kongresse und das Catering für Feste und Veranstaltungen außerhalb der Alten Oper. Sie regelt die gesamte Administration, ist Chefin von rund 150 Mitarbeitern und Gastgeberin für ihre vielen Gäste.

Was macht sie anders als andere? Ist es ihr Credo „Dienen, ohne zu dienen"? Statt Servilität freundlicher Umgang miteinander, getragen von gegenseitigem Respekt. Es war keine leichte Aufgabe, die Distanz zwischen Gast und Service zu überbrücken. Inzwischen weiß sie, wie sie die Menschen nehmen muss.

Ihr Tag beginnt gegen 9.30 Uhr: Speisekarten freigeben, Logbücher checken, Veranstaltungsabsprachen und Mitarbeitergespräche

führen. Dazwischen Emails, Telefonate, Angebote ausarbeiten, Meetings und mittags eine Stunde ins Opéra. Sie will Bescheid wissen, liest vier Tageszeitungen; schließlich sind die Leute, die darin stehen, bei ihr zu Gast. Zwischen 12 und 14 Uhr nimmt sie grundsätzlich keine Termine an. Denn trotz ihres umfangreichen Aufgabengebiets ist sie mittags und abends zu den Hauptservicezeiten im Restaurant. Auch im Catering und bei den Gastgebern ist sie zugegen. Jede Veranstaltung ist wichtig und Präsenz eine angenehme Pflicht. Kundenbesuche macht sie gern, bringt Blumen mit, bedankt sich für den Auftrag oder überbringt die Rechnung persönlich. Kleinigkeiten, die Eindruck machen. Kein Wunder, dass sie 13- bis 15-Stunden-Tage hat. Ohne ihre Abteilungsleiter und Assistentinnen würde sie das Pensum nicht schaffen. „Sie erledigen viele Routinearbeiten für mich", sagt sie dankbar. Anfangs kam die Perfektionistin schnell an ihre Grenzen. Heute hat sie ihre ganz persönliche Erfolgsformel: Sie hadert nicht länger mit ihren Schwächen, sondern setzt ihre Stärken ein. Alles, was sie selbst nicht kann, erledigen Experten ihres Teams. „Ich weiß, was ich kann und lasse die Finger von anderem", sagt sie selbstbewusst.

Beeindruckend: Hierher führen Frankfurter ihre Gäste aus.

Viele schöne Details ergeben ein harmonisches Gesamtkunstwerk.

Aus dem Know-how der Köche und Dagiantas Kreativität entstehen neue Gerichte wie das Erdbeer-Tiramisù mit einer süßen Sauce aus den Kräutern für eine Frankfurter Grüne Sauce. „Geht nicht", hört sie nicht gern. Eine Idee schiebt sie mit Überzeugungskraft an, dann wird probiert, perfektioniert und schließlich umgesetzt. Deshalb brannten auch olympische Flammen auf den 1200 Desserts beim Sportpresseball-Menü. Was andere für „nicht machbar" halten, spornt sie an.

„Das Leben hat mir viele Überraschungen gebracht, ich habe sie als Geschenk angenommen." Die Frau, die gern und viel liest, schreibt in ihrer knappen Freizeit Gedichte, malt und fährt auch mal eben 30 Kilometer mit dem Rennrad „zur Entspannung" durch die Natur. Dem Journalismus hat sie dennoch nicht abgeschworen. Auf ihrem Nachttisch liegt ein Notizheft, irgendwann soll daraus ein Buch werden: über Gäste, gute Küche und das Opéra.

Die Bel Etage der Alten Oper ist kulinarischer Treffpunkt im Herzen der Mainmetropole.

Ausflugstipps

Vom Opernplatz kann man die Fressgass' entlang schlendern, wo einst Baronin Rothschild ihre Einkäufe „ohne Dutt" (ohne Tüte) abwiegen ließ und heute Restaurants, Bars und Boutiquen angesiedelt sind. Auf dem Pflaster der noblen Goethestraße reihen sich dann die Läden internationaler Designer wie Perlen auf eine Schnur.

Wer Frankfurts grünes Herz erleben möchte, dem sei der kurze Spaziergang ins Westend zum *Palmengarten* empfohlen, der zu jeder Jahreszeit ein beliebter Erholungsort mit botanischen Sehenswürdigkeiten ist. *www.palmengarten.de*

Lachsforelle mit Estragonschaum auf frischem Blattspinat und Salzkartöffelchen

800 g Lachsforellenfilet | Butter für die Kasserolle | 100 ml Fischfond | 100 ml Weißwein, z. B. Sauvignon Blanc | Meersalz und weißer Tellicherry-Pfeffer aus Indien, frisch gemahlen

2 Schalotten, geschält und fein gewürfelt | 30 g Butter | 2 Limetten, Saft | 100 ml Sahne | 150 g eiskalte Butter, in Stücken | 2 Eigelbe | Salz und weißer Tellicherry-Pfeffer aus Indien, frisch gemahlen | 2–3 Estragonzweige, Blättchen grob geschnitten

1 Knoblauchzehe, abgezogen und fein gewürfelt | 30 g Butter | 600 g Babyspinat, geputzt und küchenfertig | 4 Cocktailtomaten | 100 ml Gemüsebrühe | Meersalz und weißer Tellicherry-Pfeffer aus Indien, frisch gemahlen

20 kleine Bamberger Hörnchen; alternativ: andere Drillings-Kartoffeln | 2 g Kümmel (gleich am Anfang hinzugeben) | 50 g Butter

■ Aus den Lachsforellenfilets sorgfältig mit einer Pinzette die restlichen Gräten herausziehen, dann mit einem scharfen Messer vorsichtig die Haut entfernen. Filets in eine gebutterte flache Kas-

serolle legen und mit dem Fischfond und einem Schuss Weißwein aufgießen. Mit Meersalz und Pfeffer würzen. Fisch bei geringer Hitze drei bis vier Minuten garen. Danach den Fond abgießen und auffangen, Forellenfilets warm halten.

■ Die Hälfte der Schalotten in einem kleinen Topf sanft in der Butter ca. fünf Minuten anschwitzen, ohne Farbe nehmen zu lassen. Mit restlichem Wein, Fond, Limettensaft und Sahne aufgießen. Alles auf ein Drittel reduzieren, dann den Topf vom Herd nehmen. Nach und nach die kalte Butter und das Eigelb mit einem Schneebesen zum Binden der Sauce unterrühren. Mit Salz und Pfeffer abschmecken, zum Schluss den Estragon dazugeben. Sauce vor dem Servieren mit einem Schneebesen schaumig aufschlagen.

■ Restliche Schalotten und Knoblauch in der Butter glasig anschwitzen. Spinat und Cocktailtomaten hinzufügen, Gemüsebrühe anschwitzen und alles bei geringer Hitze ein paar Minuten garen. Mit Meersalz und Pfeffer abschmecken.

■ Kartoffeln schälen und vierteln. In strudelndem Salzwasser mit dem Kümmel weich garen. Salzkartoffeln gut abtropfen lassen, Kümmel entfernen und die Kartoffelviertel in einer Pfanne in zerlassener Butter schwenken.

■ Zum Servieren die warme Lachsforelle in eine vorgewärmte Form mit Deckel geben, mit Spinat und Kartoffeln anrichten und den Fisch mit der schaumig aufgeschlagenen Sauce überziehen. Mit dem Deckel bedecken und servieren.

Opéras Wiener Schnitzel mit Bratkartoffeln

1 kg Bamberger Hörnchen; alternativ: andere Drillings-Kartoffeln | 10 g Kümmelsaat | 1 Zwiebel, geschält | 100 g Speck | 1 Bund glattblättrige Petersilie | 2 EL Öl zum Braten | 1 EL Butter | Salz | 700 g Kalbsrücken vom Milchkalb | Salz und weißer Tellicherry-Pfeffer aus Indien, frisch gemahlen | 100 g Mehl | 4 Eier, verquirlt | 150 g feines Paniermehl | ca. 300 ml Pflanzenöl | 100 g Butter | 2 Zitronen | 100 g Preiselbeermarmelade

■ Kartoffeln waschen, im Wasser mit Kümmel weich kochen. Anschließend die Kartoffeln pellen und in Scheiben schneiden. Zwiebeln und Speck würfeln, Petersilienblättchen in Streifen schneiden. Kartoffeln im Öl in der heißen Pfanne goldgelb anbraten, dann die Zwiebeln und den Speck hinzufügen und mitbraten. Kurz vor Schluss die Butter dazugeben. Mit Salz würzen und die Bratkartoffeln mit Petersilie bestreuen.

■ Den Kalbsrücken parieren, in ca. 4 cm dicke Scheiben schneiden und die Scheiben flach klopfen. Mit Salz und Pfeffer würzen, im Mehl wenden, durch die Eier ziehen und das Fleisch mit Paniermehl überziehen. Öl in zwei großen Pfannen erhitzen und die Schnitzel darin schwimmend ausbacken. Dabei die Pfannen immer wieder schwenken, damit die Schnitzel gleichmäßig bräunen. Das Fleisch einmal wenden, zum Schluss die Butter hinzugeben und fertig braten. Auf Küchenpapier abtropfen lassen.

■ Schnitzel auf Tellern anrichten, mit Bratkartoffeln, Preiselbeermarmelade und quer halbierten Zitronehälften garnieren.

TIPP

Halbierte Zitronen in Gaze einwickeln und zubinden. So fallen beim Auspressen keine Kerne aufs Schnitzel.

Erdbeer-Tiramisù mit süßer Frankfurter Grüner Sauce

10 g Borretsch | 20 g Kerbel | 15 g Kresse | 20 g Petersilie |
15 g Pimpinelle | 5 g Sauerampfer | 15 g Zitronenmelisse | 150 g Joghurt |
15 g Schmand | 3 EL Zucker | 1 Zitrone, Saft | 150 g Mascarpone |
1 Eigelb | 60 g Zucker | ½ Vanillestange, ausgekratztes Mark |
2 Blatt Gelatine | 150 ml Sahne
500 g Erdbeeren, geputzt | nach Belieben: etwas Grand Marnier
ca. 8 Löffelbiskuits | Minzeblättchen zum Garnieren

■ Die für dieses Rezept leicht abgewandelten Kräuter für Grüne Sauce waschen, sanft trockenschleudern und wo nötig, Stängel von den Kräutern entfernen. Kräuter mit Joghurt, Schmand und Zucker in einem Mixer sehr fein pürieren und mit einem Spritzer Zitronensaft abschmecken. Kalt stellen.

■ Mascarpone mit Eigelb, Zucker und Vanillemark verrühren und aufschlagen. Gelatine in kaltem Wasser einweichen, Sahne steifschlagen.

■ Erdbeeren mit etwas Zitronensaft fein pürieren, nach Belieben mit einem Schuss Grand Marnier verfeinern.

■ Den Boden von vier Serviergläsern mit Löffelbiskuits auslegen und diese mit 150 g Erdbeerpüree tränken. Restliches Erdbeerpüree mit der ausgedrückten Gelatine leicht erwärmen, bis sie sich aufgelöst hat. Die Mischung schnell unter die aufgeschlagene Mascarponemasse rühren. Schlagsahne unterheben und die Creme mit dem restlichen Zitronensaft abschmecken. Die schaumige Creme in die Gläser füllen und zwei bis drei Stunden kalt stellen.

■ Zum Servieren einen Löffel der süßen Kräutercreme auf jedes Tiramisù geben, mit Minzeblättchen garnieren und servieren.

7

Immer eine gute Suppe …

Daniela „Dani“ Gottschalk in ihrer kunterbunten Souper! Suppenküche

Adresse
Souper!
Weißadlergasse 3
60311 Frankfurt am Main
Telefon 069/29724545
Fax 069/29724544
E-Mail dani-isst@souper.de
www.souper.de

Öffnungszeiten
Mo–Fr 11.30–18 Uhr
Sa 12–18 Uhr
sowie open end von Mo–Sa im „The Place to be“ nebenan

Daniela Gottschalk hat sich dem Suppengenuss verpflichtet. Mit Mut und Verve hat das „Souper-Girl“ im Jahr 2000 die damals erste Suppenküche modernen Zuschnitts in Frankfurt eröffnet. Nur einen Steinwurf von der Hauptwache entfernt blüht und gedeiht ihr retro-schickes „Alles Homemade“-Konzept. Mit „The Place to be“ betreibt die quirlige Wirtin nebenan zudem eine erfolgreiche Café-Bar.

Viele Liter Suppe gehen bei Souper! jeden Tag über die Theke.

Seit über zehn Jahren schöpft die gelernte Werbetexterin nun Suppen und Eintöpfe, die sie selbst kreiert und die ersten Jahre auch täglich selbst frisch gekocht hat. Mittags ist ihr Suppenladen rappelvoll. Banker, Bäcker, Mütter, Väter, Touristen, Anwälte, Werber – alle wollen nur das Eine: „e gut' Supp'“. Sechs Suppen sind täglicher Standard, dazu ein bis zwei Tagessuppen, darunter die Souper-Klassiker Indisches Chicken Curry, Tomatencremesuppe mit Mozzarella und die deftige Hackfleisch-Käse-Lauchsuppe. Daneben gibt es wechselnde Kreationen. Alles frisch, alles selbst gekocht.

Danis Team ist auch als Souper!-Caterer gefragt. Firmen verwöhnen zuweilen ihre Mitarbeiter mit Souper-Suppen und kürzlich löffelten sogar 200 Nonnen auf einem Klostermeeting aus Danis Schälchen.

Und auch sonst ist viel selbst gemacht, gebastelt, gemalt. Das bringt den ganz besonderen Charme in Danis Steh-Souper und Bar, vor der eine Hollywoodschaukel steht; Vintage, versteht sich. Hinter der gewollt improvisierten Kulisse steckt ein stimmiges gastronomisches Konzept: ideenreich ausgedacht und unternehmerisch professionell umgesetzt.

◀ Ob in Ihrem *Souper!* oder im *The Place to be*: Wo Dani ist, da ist was los.

Probieren ist erlaubt, bevor man sich für eine der Suppenkreationen entscheidet.

In ihrer teuren Edelstahlküche brodelt in großen Töpfen Nachschub, während an der Theke ab 12 Uhr im Akkord geschöpft wird. Zwei Kellen passen locker in die handgetöpferten Keramikteller aus dem Odenwald. Wer sich bei der Einlage zu kurz gekommen fühlt, darf „protestieren“. Auch Nachschlag gibts – und zwar kostenlos. Ansonsten gilt: Halbe Suppe, halber Preis. Das Brot dazu ist gratis. Ergänzt wird das konzentrierte Sortiment mit knusprigen Panini, selbst gebackenem Kuchen, Limo und Kola. Kaffee wird nebenan in der Café-Bar serviert. An Wochenenden können sich Nachtschwärmer bis in den frühen Morgen hinein an Danis Süppchen laben. Das geht dank des „The Place to be“, der nicht nur so heißt, sondern wo zu später Stunde wirklich „alle“ anzutreffen sind.

Es ist ein buntes Programm, das Daniela Gottschalk täglich absolviert „Es gab noch keinen Tag, an dem ich morgens nicht gern aufgestanden und in meine Läden gegangen wäre“, sagt die Frau mit den langen dunklen Haaren und den flotten, meist selbst geschneiderten Outfits. In die Gastronomie kam die gebürtige Kelkheimerin, als sie im Jahr 2000 vor einer beruflichen Zäsur stand. Die Idee mit der Suppenküche hatte sie schon eine Weile im Kopf. Die damals 27-Jährige fand Geldgeber und legte los. 2003, in einem Jahr mit Jahrhundertsommer, eröffnete sie eine Dependance im Westend. Kein Mensch wollte Suppe essen, Dani war – der Hitze wegen – „kurz vor insolvent“ und machtlos gegen das Wetter. Obwohl im Souper! auch kalte Kreationen wie Gurkensuppe, Kaltschalen und Salate angerichtet werden: In Deutschland gilt das „leider“ nicht als vollwertiges Essen. Die zweite Adresse hat sie schnell wieder geschlossen, unter Lehrgeld abgehakt, und trotzdem zugeschlagen, als 2005 der Nachbarladen ihres Ur-Soupers neu vermietet wurde. Sein Name ist Programm – „The Place to be“.

„Anfangs habe ich beide Läden gemacht, und ging auf dem Zahnfleisch“, erinnert sie sich. Heute übernimmt sie meist die Tagesschicht in der Suppenküche und überlässt die Nachtschicht in der Bar ihren Mitarbeitern. Trotzdem: In regelmäßigen Abständen

muss das „Taunus-Girl“ raus, je weiter weg, desto besser. Mal kocht sie ein halbes Jahr auf einem Weingut in Südafrika, mal klappert sie Australien und Neuseeland ab und kehrt „komplett tiefenentspannt“ zurück. Kürzlich nahm sie ein paar Monate Auszeit in Los Angeles. Über die Mitwohnzentrale Airbnb fand sie sich als Haushüterin in Venice Beach wieder und widmete sich ihren Themen „Soups and Therapy“. Denn nebenher hat sich die umtriebige Gottschalk psychologisch weitergebildet und macht Familienaufstellungen. Damit nicht genug, schneidert sie nebenher „aus alten, spießigen Dirndln“ neue Dirndl à la Dani: bunt, frech, sexy. Der nicht vorhersehbare Oktoberfest-Boom hat der Hobby-Designerin unzählige Kundinnen beschert.

Wasserrohrbruch im „The Place to be“: Optimistin Dani nutzte die Zwangspause zur Renovierung; statt Asienlook nun Zirkusstil.

Ihre beiden Läden weiß sie auch fern der Heimat in guten Händen. Ihr väterlicher Freund Heinz Röder, „ein Geschenk des Himmels“, hält Gottschalk den Rücken frei, kümmert sich um Finanzen, Recht und die beiden Lokale, wenn sie unterwegs ist. Ein Kontrollfreak ist sie ohnehin nicht. „Wer alles checken will, hat keinen Spaß mehr dran“, ist sie sicher. Gegenüber ihren zehn Mitarbeitern ist sie großzügig: „Ich bin nett und behandle sie fair.“ Das hat sie sich in den ersten drei Jahren hart erarbeitet, denn anfangs wollte sie alles „nett, friedlich und ja keine Konflikte“. Jetzt klappt es: Chefin ist Daniela Gottschalk – und die möchte „weder streng sein, noch lang rumdiskutieren“. Wer mit der Dynamik einer Daniela Gottschalk Schritt halten möchte, muss ganz schön Gas geben.

Bunt zusammengewürfelt und dennoch passend: Danis unverwechselbarer Stylingschick.

Ausflugstipps

Einer der besten Plätze Frankfurts ist für Dani die *Goetheruh* mit gleichnamigem Lokal. Lauschig im Stadtwald gelegen, mit dem berühmten *Goetheturm* davor, der den „schönsten Blick“ auf Frankfurt bietet. (*Goetheruh, Zum Goetheturm 1, 60598 Frankfurt*).

Nur ein paar Schritte vom Souper entfernt liegt Goethes Elternhaus. Heute eine im Stil der damaligen Zeit eingerichtete Kultstätte für Fans des Dichterfürsten aus aller Welt. *www.goethehaus-frankfurt.de*

8

Immer nur backen …

Azko Iimori in ihrer köstlichen Welt aus Pâtisserie und Restaurant in Frankfurt am Main

Adresse
Iimori Pâtisserie & Restaurant
Braubachstraße 24
60311 Frankfurt am Main
Telefon 069/97768247
Fax 069/97768245
E-Mail pâtisserie@iimori.de
www.iimori.de

Öffnungszeiten
Café und Restaurant:
Mo–Fr 9–21 Uhr, Sa 10–21 Uhr,
So 10–19 Uhr
warme Küche Mo–Sa 12–21 Uhr
So Ruhetag

Ein Besuch in Azko Iimoris Pâtisserie-Café in Frankfurts Altstadt ist ein Ausflug in eine andere – heilere – Welt. Verspieltes antikes Mobiliar, Plüschsofas, Kronleuchter, barocke Tapeten, ein Klavier und Vitrinen voller Törtchen, Kuchen, Kekse, Baguettes.

Hinter dieser charmanten Adresse steckt Azko Iimori, eine Unternehmerin, die das Backen im Blut hat. Vor gut 20 Jahren kam die gebürtige Japanerin an den Main. Ihr Ziel: Unternehmerin werden. Azko Iimoris Café hat Kultcharakter und das Angebot ist so international wie ihre Gäste. Sie genießen Tarte au Citron, Grünteetörtchen, Macarons, Bethmännchen (eine Frankfurter Makronenspezialität), japanische süß-salzige Sandwiches, Gebäck aus roten Bohnen, dazu Baguettes, Petit Pains und Croissants, Tartes, Feigenbrötchen, Pralinen. Auf der Beliebtheitsliste stehen Schwarzwälder Kirschtorte, schmelzende Schokoladentartes und Frankfurts erste „Chiffon-Cakes“ ganz oben. Bei letzteren handelt es sich um riegelgroße Tortenstücke aus Biskuit, der mit extra viel Eiweiß aufgeschlagen und mit Himbeere, Banane oder grünem Tee aromatisiert, zu einem Hauch von Kuchen wird. Eyecatcher sind auch die riesigen Meringuen, die bis zu fünf Stunden bei 100 Grad gebacken werden und innen leicht klebrig sind, „so wie es sein muss“, sagt Iimori-san.

Inzwischen hören über 20 Mitarbeiter, darunter Bäcker und Konditoren, auf das Kommando der zierlichen Frau mit der makellosen Haltung. „Um in Übung zu bleiben“ steht sie gelegentlich selbst in der Backstube. Diese Sorge müsste sie sich nicht machen,

Eine Oase der Ruhe mitten im geschäftigen Frankfurt.

◀ Azko Iimori, die Frau mit dem Gespür für Gebäck.

Die gebürtige Tokioterin hat ein Faible für verspielte Accessoires.

Gebackene Genüsse mit japanischen und französischen Akzenten.

denn sie bäckt seit sie denken kann. „Schon mit fünf Jahren habe ich gebacken und gekocht", erinnert sie sich. Kochen und Backen lernte die kleine Azko bei einer befreundeten schwäbischen Pfarrersfamilie in Tokio. Zuhause probierte sie die Rezepte aus, schließlich bekochte das Küchenwunderkind Familie und Bekannte.

Da sie „eher praktisch veranlagt" ist, erlauben die Eltern – beide sind als Künstler und Grafiker tätig – ihrer Teenager-Tochter den Schritt nach Deutschland. Der deutsche Pfarrer ihrer evangelischen Gemeinde in Tokio vermittelt sie ans Diakonissenmutterhaus im schwäbischen Aidlingen. Dort lernt Iimori zwei Jahre lang, „eine gute Frau zu sein": Küche, Kunst, Mathematik, Bibelkunde, Soziales und makelloses Deutsch. Zurück in Japan arbeitet sie im Import-Export und hat mit Anfang 20 genug gespart für ein Flugticket und den Aufenthalt in Deutschland. Voller Gottvertrauen landet sie in Frankfurt. Zufall? Für die in ihrem Glauben gefestigte Iimori ist klar: „Das Leben ist kein Schicksal, es folgt einem Plan, der dir geschrieben ist." Im Gepäck hat sie ihre irische Harfe. Falls etwa schief geht auf dem Weg zur Unternehmerin, will sie in Fußgängerzonen spielen.

Sie fliegt als Stewardess auf der Japanroute, arbeitet am Frankfurter Flughafen und nimmt Nebenjobs an. Doch Azko Iimori will noch immer Geschäftsfrau werden, spart eisern und feilt an ihrer Geschäftsidee. Mit 29 Jahren engagiert sie einen bekannten Sushimeister und eröffnet mit ihm zunächst „Sushi am Main". Dennoch verfolgt sie ihren Traum von einem gemütlichen Café mit Kuchen und Gebäck, japanischen, französischen und deutschen Klassikern in höchster Qualität weiter. Sie erlernt das Brotbacken im berühmten Pariser „Maison Kayser" und findet an der Braubachstraße in der Frankfurter Altstadt einen kleinen Laden, den sie zu Iimoris Pâtisserie & Café umgestaltet.

Später eröffnet sie darüber ein Restaurant im typischen Iimori-Stil. „Pariser Salonkultur und eine moderne Interpretation japani-

Macarons sind nur eine der vielen Versuchungen, die es bei Iimori gibt.

scher Küche“: Erstklassige Sushi, delikate Gerichte mit Gemüse, Fisch und Fleisch aus frischen Bio-Zutaten, mittags als schnelles Lunchmenü. An der offenen Küchenzeile gibt Azko Iimori Kochkurse – Sushi und japanische Küche für europäische Eleven, feine Pâtisserie für die Damen der japanischen Community. Ebenfalls in bester Citylage zwischen Oper und Kaiserplatz florieren weitere Iimori-Betriebe: die Kamon-Sushibar und Iimori Deli mit japanischen Alltagsgerichten zum Mitnehmen in der Bento-Box, dem japanischen „Henkelmann“. Frau Iimori selbst schätzt die herzhafte Frankfurter Küche, vor allem „Haspel“, das hessische Eisbein. Und im fernen Paris gehört auch das älteste japanische Speiserestaurant der Stadt inzwischen zu Iimoris gastlichem Reich: das Takara an der Rue Molière.

Herausforderungen meistert sie mit Disziplin, Geduld und bewundernswerter innerer Ruhe; etwa wenn sie in ihrer Werkstatt Uniformen für ihre Mitarbeiterinnen schneidert. „Mein Alltag macht mich zufrieden und ausgeglichen“, beteuert die Vielbeschäftigte. Qualität ist das einzige Thema, bei dem sie nicht mit sich spaßen lässt und ihr entgeht nichts. Sie analysiert das Baguette und diskutiert mit dem Meister der Backstube, ob es vielleicht trockener oder feuchter zu backen sei, um eine noch knusprigere Kruste zu bekommen. Wo Iimori drauf steht, ist immer auch Iimori drin. Darauf können sich ihre Gäste verlassen.

Ausflugstipps

In der *Frankfurter Altstadt*, nur wenige Meter von Iimoris Lokalen, locken die historischen Highlights der Mainmetropole: Die *Paulskirche*, seit 1848 die Wiege der deutschen Demokratie, steht nur wenige Schritte entfernt, ebenfalls an der Braubachstraße. Das Rathaus *Römer* und der Römerberg mit den pittoresken Fachwerkhäuschen liegen in direkter Nachbarschaft. Nur eine Minute entfernt ist der *Kaiserdom St. Bartholomäus*. Vom 95 Meter hohen Turm hat man einen wunderbaren Panoramablick.

Misosuppe mit Tofu und Lauchzwiebel

Für 4–6 Portionen

30 g getrocknete Wakame (japanische Braunalge) | 100 g frischer Tofu | ½ Lauchzwiebel, geputzt | 1 l Wasser | 1 EL Dashipulver (Fischbrühe) | 3 EL helles oder dunkles Miso (japanische Würzpaste aus fermentierten Sojabohnen), nach Geschmack

■ Wakame zehn Minuten in etwas Wasser einweichen. Danach das Wasser ausdrücken.
■ Tofu in zentimetergroße Würfel und Lauchzwiebel in 3 cm lange feine Streifen schneiden.
■ Dashi mit Wasser in einem Topf oder einer Saucenpfanne verrühren und zum Siedepunkt bringen. Misopaste durch ein Sieb in die Brühe streichen und die Temperatur herunterdrehen. Wakame in feine Streifen schneiden und mit dem Tofu zur Suppe geben. Abschmecken, nach Belieben mit etwas Dashipulver nachwürzen. Sobald die Misosuppe nochmals aufkocht, Lauchzwiebel hinzufügen, sofort in Suppenschalen füllen und servieren.

Grüntee-Macarons

Ergibt ca. 45 Stück

Macarons 140 g Mandeln, geschält und fein gemahlen | 180 g Puderzucker, durchgesiebt | 10 g Matcha-Pulver (Grüntee in Pulverform), durchgesiebt | 140 g Eiweiß | 100 g Zucker

Buttercreme 25 ml Wasser | 130 g Zucker | 1 Eiweiß | 1 Ei | 80 g weiche Butter | 10 g Matcha-Pulver, durchgesiebt

■ Gemahlene Mandeln mit Puderzucker und Matcha-Pulver vermischen.
■ Eiweiß mit Zucker gut steif schlagen.
■ Mandelmischung unter den Eischnee ziehen, bis eine glatte Masse entsteht.
■ Ein Backblech mit Backpapier auslegen.

■ Macaronsmasse in einen Spritzbeutel mit 12er Lochtülle füllen und 90 möglichst regelmäßige flache Tupfen mit 3 cm Durchmesser auf das Backpapier spritzen. Macarons eine Stunde trocknen lassen.

■ In der Zwischenzeit den Backofen auf 150 °C vorheizen. Backblech auf der mittleren Schiene einschieben und die Macarons 15 Minuten backen. Dann den Backofen 30 Sekunden öffnen, um die Macarons zu belüften und danach bei 130 °C noch vier Minuten zu backen.

■ Macarons auf dem Blech erkalten lassen.

■ Zucker und kaltes Wasser in einem kleinen Topf auf 118 °C erhitzen, sodass sich die Zuckerkristalle auflösen.

■ Eiweiß mit dem Ei und der heißen Zuckermasse kräftig aufschlagen, dabei am besten das elektrische Handrührgerät benutzen.

■ Weiche Butter rühren, bis sie heller wird. Dann mit der Eier-Zucker-Masse vermischen. Matcha-Pulver einrühren, bis es sich vollkommen aufgelöst hat und eine glatte, grüne Creme entstanden ist.

■ Zimmerwarme Grüntee-Buttercreme mithilfe eines Spritzbeutels jeweils auf die Unterseite einer Macaronhälfte spritzen und die zweite mit der Unterseite auf die Creme legen und zu einem Macaron zusammensetzen. Mit den restlichen Hälften ebenso verfahren.

T

9

Wirtin par excellence

Erika Lohninger im „Gasthaus" Lohninger am Sachsenhäuser Mainufer

Adresse
Restaurant Lohninger
Schweizer Straße 1
60594 Frankfurt am Main
Telefon 069/247557860
Fax 069/247557863
E-Mail reservierung@lohninger-restaurant.net
www.lohninger-restaurant.net

Öffnungszeiten
Mo–So 12–1 Uhr

Erika Lohninger entspricht dem klassischen Rollenbild einer Wirtin. Die zierliche Frau mit der scheinbar unerschöpflichen Energie führt mit Ehemann Paul und Sohn Mario das Restaurant Lohninger. Sie ist die Frau, die alles zusammenhält, und dabei stets die resolute, herzliche Wirtin geblieben ist, die sie in ihrem früheren Leben „vor Frankfurt" im Salzburger Land war.

Es verlangt Mut, mit Ende 40 noch einmal etwas völlig Neues auf die Beine zu stellen. Erika und Paul Lohninger gaben (Gast-)Haus und Hof im Salzburger Land auf, um in den USA mit ihrem Sohn, dem Sternekoch Mario, ein Lokal zu eröffnen. Dass es Mainhattan statt Manhattan wurde, „liegt am Mario", sagt Erika Lohninger schmunzelnd. Denn der wollte „mit dem Sven" (Väth – ein Szene-DJ) das Cocoon-Projekt machen. Statt in den Staaten landeten die Lohningers am Main. Ein Glücksfall.

Die Lohningers eröffneten 2004 im Technomusiktempel Cocoonclub mit Micro und Silk zwei ungewöhnliche Restaurants. Im rosa und weiß designten Silk wurden Gäste, auf weißen Lederpolstern liegend, auf eine Genussreise für alle Sinne geschickt. Im ebenso schicken Micro standen „Marios Lieblingsgerichte aus aller Welt" im Mittelpunkt. Vater Paul stieg in der Küche ein, Mutter Erika übernahm den Service. Die patente Wirtin von der Alm mit dem Pinzgauer Dialekt machte auch im spacigen Silk *bella figura*. Schnell wurde das Silk für seine polyglotte Weltküche mit den deftigen Akzenten mit einem Michelin-Stern ausgezeichnet.

Mit dem wirtschaftlichen Aus für den Cocoonclub endete 2012 die Ära von Silk und Micro. Die Lohningers konzentrieren sich seither auf das „Edelbeisl", das ihren Namen trägt und einen Hauch

L gleich Lohninger: nur ein Buchstabe auf dem Schild weist auf das Edelbeisl hin.

◀ Österreichische Wirtin am Main: Von der Alm in die Frankfurter Szene.

Österreich durch die Bel Etage des Gründerzeitgebäudes am Sachsenhäuser Museumsufer wehen lässt. Es heißt bewusst Gasthaus, „das hat etwas Familiäres", fröhlich, gemütlich und ganz ohne Alpenkitsch. Es ist wieder ein reines Familienunternehmen der Lohningers in bewährter Arbeitsteilung: Vater Paul als Küchenchef, Erika im Restaurant, Sohn Mario gibt den Kurs vor und teilt sich und seine Zeit mit der Küche im Städel-Restaurant Holbein's.

Gekocht wird „hemmungslos österreichisch", modern interpretiert aus klassischen und polyglotten Elementen, perfekt symbolisiert durch eine Vorspeise wie Lachs-Sashimi mit Gurke, Miso-Marinade und steirischem Kürbiskernöl. Gebratene Foie Gras serviert man hier mit Banane, Kokos und Nougat, den Black Cod mit geräucherter Consommé. An die k.u.k.-Monarchie erinnern Ochsenbackerlgulasch, Wiener Schnitzel mit Kipfler Erdäpfelsalat, Tafelspitz, Zwiebelrostbraten und der beste Kaiserschmarrn Hessens.

Im Lohninger vermählt sich die kulinarische Welt mit einem Hauch Austria.

Erika Lohninger ist die Seele des Hauses, kümmert sich um Reservierungen, Veranstaltungen, Mitarbeiter, Dienstpläne, Einkäufe und leitet den Service. Allein ihre Präsenz im Restaurant sorgt dafür, dass alles seinen geregelten Gang geht. „Erfahrung", kommentiert sie knapp. Sie hat ihr Leben lang viel gearbeitet, und „das Sach'" zusammengehalten. Leerlauf und Trägheit sind ihr ein Gräuel. Sie selbst ist sich für keine Arbeit zu schade, sollte Not an der Frau sein. Als Chefin ist Erika Lohninger streng aber herzlich – und fair. Sie hat ein großes Herz für ihre Mitarbeiter, aber sie müssen mitziehen. Die Liebe zum Beruf lebt Erika Lohninger ihnen täglich vor, die Servicebereitschaft hat die damals 15-Jährige bereits in ihre Kellnerlehre mitgebracht. Eine harte Lehrzeit, 15 Stunden-Tage waren die Regel, freie Tage gab es „in der Saison" nicht. Erika lernt Kochlehrling Paul kennen, die beiden werden ein Paar. Sie ist 18,

Hohe Altbaudecken und schnörkelloses Ambiente geben der Kochkunst ihren Rahmen.

als Tochter Cornelia zur Welt kommt, ein Jahr später folgt Sohn Mario. Die Kinder waren so früh zwar nicht geplant, doch damit „war unsere Familienplanung abgeschlossen". Die Lohningers starten in die Selbständigkeit. Wie man alles unter einen Hut bringt, hat Erika auf dem elterlichen Bauernhof bei Pass Thurn erlebt. Neben Landwirtschaft und Haushalt hat Erikas Mutter acht eigene Kinder und sechs Enkel groß gezogen. Multitasking liegt Erika Lohninger im Blut.

Abends ist Erika Lohninger stets die Letzte: „Ich sperre die Tür zu." Dann setzt sie sich in ihren chili-roten Mini Cooper und freut sich jedes Mal erneut über „mein erstes richtiges Auto", das endlich mal kein praktischer Kombi ist. „30 Jahre haben wir im Sonnrain mehr oder weniger dasselbe gemacht", erinnert sich die Vollblutwirtin. Es war Zeit für eine Veränderung, weshalb sie noch keinen Tag in Frankfurt bereut hat. Von dort ist sie schnell bei Tochter und Enkeln in Salzburg, auf den Skipisten und als Opernfan Stammgast der Salzburger Festspiele. Ihre Wohnung im österreichischen Mariaalm sieht Erika Lohninger dagegen selten. „Wir haben sie zwar schon drei Mal renoviert, aber noch nie länger als zwei Wochen im Urlaub drin gewohnt", lacht die Wirtin, die mit ihrer herzlichen Art einen riesigen Erika-Fanclub hinter sich weiß.

Ausflugstipp

Das Lohninger liegt inmitten des *Museumsufers*, wo sich neun Museen wie Perlen auf einer Schnur aneinanderreihen. Sie sind auch architektonisch von internationaler Bedeutung wie Städel, Deutsches Filmmuseum, Deutsches Architekturmuseum, die Skulpturensammlung Liebieghaus sowie die Museen für Kommunikation und Angewandte Kunst (MAK). Zur alljährlichen „Nacht der Museen" sind die Ausstellungshäuser ebenso geöffnet wie zum Museumsuferfest Ende August, das mehrere Millionen Besucher anzieht. *www.museumsufer-frankfurt.de*

10

Für die Gäste nur das Beste

Maria und Renate Tünsmeyer im Romantik Hotel Goldener Karpfen in Fulda

Adresse
Romantik Hotel
Goldener Karpfen
Simpliziusbrunnen 1
36037 Fulda
Telefon 0661/86800
Fax 0661/8680100
E-Mail info@hotel-goldener-karpfen.de
www.hotel-goldener-karpfen.de

Öffnungszeiten
täglich 7–24 Uhr (Restaurant)
und 11–23 Uhr (Küche)

„Nicht das Billigste, sondern das Beste zum besten Preis" lautet das Motto von Renate und Maria Tünsmeyer, unter dem die beiden ihre Gäste verwöhnen. Die Schwestern führen ihr traditionsreiches Romantik-Hotel in vierter Familiengeneration.

Nichts ist Zufall bei den beiden munteren (Hotel-)Frauen von Fulda. Egal, was sie in ihrem Betrieb bieten, vor der Einführung haben sie es ausführlich getestet und für gut befunden. Selbst Stammgäste sind immer wieder verblüfft, was die beiden von ihren „Studienreisen" – eine reist, die andere hält in Fulda die Stellung – an Ideen mitbringen.

Maria oder Renate? Bei näherer Bekanntschaft bemerkt man die Unterschiede. Denn Renate und Maria Tünsmeyer sind zwei sehr eigenständige, willensstarke Persönlichkeiten, die sich keineswegs so ähnlich sehen wie die Kessler-Zwillinge. Die sind übrigens beste Freundinnen der beiden und regelmäßig im schönen Haus am Simpliziusbrunnen anzutreffen.

Renate hat die renommierte Hotelfachschule Lausanne absolviert und übernahm nach dem Tod der Mutter die Alleinregie. Sie hatte eine Vision für den Karpfen, wollte aus dem alten Haus ein „Schmuckstück" machen. Es gelang. Der traditionsreiche Gasthof, vor über 100 Jahren als Fischbraterei entstanden, ist heute ein blank polierter Goldener (Super-)Karpfen und eine Zierde der Vereinigung der Romantik Hotels. Schwester Maria hatte nach BWL-Studium und Steuerberaterprüfung bei einem Frankfurter Wirtschaftsprüfer für ihre Mandanten die sprichwörtlichen Kohlen aus

Ein Brunnen mit wasserspeiendem Karpfen plätschert neben der Terrasse.

◀ Mit Esprit, Charme und nie versiegender Energie führen die Schwestern das erste Haus am Platz.

dem Feuer geholt und stößt 1977 dazu. Seither bilden die beiden ein kongeniales Team.

Ihre Arbeitsteilung wird täglich perfektioniert. Gäste können sich darauf verlasen: Eine der beiden ist stets präsent. Denn in Sachen Disziplin sind die Schwestern eindeutig preußisch, obwohl ihnen die südländische Lebensart wesentlich näher liegt. Maria kümmert sich um Verwaltung und die Angelegenheiten der immerhin 50 Mitarbeiter, Renate um die betrieblichen Abläufe, die „Operations", und das Fachspezifische. „Wir sind gut aufeinander eingespielt", sagen sie über sich. Natürlich gibt es auch Meinungsverschiedenheiten, doch die Schwestern sind großzügig bei allem, was sie tun. Und sie sind sich einig, dass sie das Haus erhalten und ständig verbessern wollen: „Für die Gäste nur das Beste."

Originelle Dekoration und vielerlei Accessoires machen Laune.

Im „Karpfen" ist die Hotel-Welt in Ordnung. Die sprichwörtliche Gastfreundschaft der Tünsmeyers umfasst viele liebe Freunde in aller Welt, für die nicht Frankfurt, Berlin oder München der Mittelpunkt Deutschlands ist, sondern der „Familientisch im Karpfen" zu Fulda. Viele durchreisende Gäste wurden zu Freunden und fühlen sich geradezu geadelt, wenn sie an den runden (Familien-)Tisch in der Kaminecke der Halle gebeten werden. Dort erfüllt der Karpfen in Person seiner engagierten Inhaberinnen jene Funktion, der Hotels heutzutage viel zu selten noch gerecht werden: Menschen zusammenführen, damit sie bei Essen, Trinken und guten Gesprächen die Zeit vergessen.

„Unsere größte Chance sind Individualität und persönlicher Service", wissen die beiden Hotelfrauen. Privathotels wie der Karpfen haben auch künftig ihre Chance, sind sich Maria und Renate sicher. Hinter ihnen steht ein auf Flexibilität und Dienstleistungsbereitschaft eingeschworenes Team. Denn im Familienbetrieb Goldener Karpfen setzt man seit vielen Jahren auf gutes Klima. Sie haben es geschafft, viele gute Mitarbeiter wie Küchen-

chef Matthias Klein-Arndt langjährig ans Haus zu binden. Ohne sie wäre der kontinuierliche Erfolg nicht möglich.

„Wir wehren uns gegen Betriebsblindheit", sagen die beiden übereinstimmend. Kein Wunder, dass sie ihr schönes Haus immer wieder auf den Prüfstand stellen, um immer noch besser zu werden. Sie reisen mit offenen Augen, ihre „Studienreisen" führen zu berühmten Köchen und Restaurants, Winzern und Erzeugern. Neu inspiriert kehren sie nach Fulda zurück. Daneben pflegen Maria und Renate Tünsmeyer viele Passionen, vor allem Musik, Kunst und Oper.

Produktverbesserung und Investitionen sind im Karpfen ein kontinuierlicher Prozess. Die Schwestern sind überzeugt, dass Qualität zählt. „Es wird immer Leute geben, die bereit sind, diese kleinen Extraleistungen zu honorieren." In der Küche wird seit Jahren mit weitgehend regionalen und Bio-Produkten gekocht. Und auch die Designerzimmer in verschiedenen Stilrichtungen hinter der 300jährigen denkmalgeschützten Fassade passen bestens ins Angebot.

Trotz der im Hotel gepflegten Leichtigkeit des Seins, herrscht im Hintergrund präzise Organisation, das allabendliche Himmelsschauspiel inklusive. Denn ein Mond über Fulda war den Tünsmeyer-Schwestern nicht genug. So geht nächtens über dem – von ihnen gestifteten – Simpliziusbrunnen vor dem Haus zusätzlich ein Goldener (Leucht-)Karpfen auf. Nichts bleibt dem Zufall überlassen.

Schon Goethe machte hier einst Station und würde wohl auch heute gern der gehobenen Regionalküche frönen.

Ausflugstipps

Die *Barockstadt Fulda* ist viele Besuche wert, der Goldene Karpfen liegt mitten in der pittoresken Altstadt. Sehenswürdigkeiten wie der barocke Dom und die romanische St. Michaelskirche, Stadt- und Residenzschloss, die vielen Adelspalais' und liebevoll restaurierten Fachwerkhäuser, versteckte Plätze, malerische Innenhöfe und spannende Museen wie das Vonderau Museum sind nur wenige Gehminuten entfernt. *www.tourismus-fulda.de*

Wenige Kilometer außerhalb steht *Schloss Fasanerie*. Das schönste Barockschloss Hessens zeigt hochherrschaftlich eingerichtete Apartments, die einen repräsentativen Einblick in Glanz und Fülle höfischen Lebens geben. Zur kostbaren Porzellansammlung gehört ein Service für Staatsbankette aus der Königlichen Porzellanmanufaktur Berlin mit über 1800 Einzelteilen. *www.schloss-fasanerie.de*

Alt und neu prägen das Gesamtbild des Hauses.

Rhönforellenfilet auf Schmorgurken mit Dillsauce

4 Forellenfilets mit Haut | Salz | Mehl zum Bestäuben | 2 EL Butter
Schmorgurken 1 Salatgurke | ½ Zwiebel, geschält und fein gewürfelt | 30 g Butter | Salz und weißer Pfeffer, frisch gemahlen | ½ Knoblauchzehe, geschält und durchgepresst | 1 Estragonzweig
Dillsauce 2 Schalotten, geschält | 20 g Butter | je 100 ml Fischfond, Weißwein und Sahne/Rahm | 1 Bund Dill | 30 g eiskalte Butter, gewürfelt | Kirschtomaten mit Grün, in Olivenöl geschmort, zum Garnieren

■ Forellenfilets mit Salz würzen, mit Mehl bestäuben, in der schäumenden Butter von beiden Seiten goldbraun braten.
■ Gurke schälen, halbieren, entkernen und in zentimeterdicke Scheiben schneiden. Zwiebelwürfelchen in Butter glasig anschwitzen, Gurkenscheiben hinzufügen, mit Salz, Pfeffer und Knoblauch abschmecken und wenige Minuten schmoren lassen. Vor dem Anrichten feingeschnittene Estragonblättchen untermischen.
■ Schalotten in feine Würfel schneiden, in Butter anschwitzen, mit Fischfond und Weißwein ablöschen. Auf die Hälfte einkochen, dann mit Sahne auffüllen und erneut reduzieren. Dill ohne Stiele fein schneiden, kurz vor dem Servieren hinzufügen. Butterwürfel stückweise in die Sauce geben und mit dem Pürierstab schaumig aufschlagen.
■ Schmorgurken und Forellenfilets auf Tellern anrichten, mit geschmorten Kirschtomaten garnieren. Dillsauce angießen und servieren.

Basilikumparfait mit Sauerampfersorbet und Sommerbeeren

Basilikumparfait
350 g Schmand | 35 g Basilikumblättchen, fein gehackt | 35 ml Rum | 35 ml Sahne/Rahm | 100 g Zucker
Sauerampfersorbet 60 g Sauerampferblätter, gehackt | 500 ml Läuterzucker (aufgekochte 1:1-Zuckerlösung, abgekühlt) | 50 ml Zitronensaft | 250 g Himbeeren | 200 g Blaubeeren | 4 Rispen Johannisbeeren
rote Sauerampferblätter zum Garnieren

■ Für das Parfait alle Zutaten mit dem Stabmixer verrühren. Masse durch ein Sieb streichen und in Förmchen gefüllt gefrieren lassen.
■ Sauerampfer fein pürieren, mit Läuterzucker und Zitronensaft vermischen. Masse durch ein Sieb streichen und in Förmchen gefüllt gefrieren lassen. Falls eine Sorbetière vorhanden ist, das Sorbet damit herstellen.
■ Parfait und Sorbet auf Tellern anrichten, mit Beeren und Sauerampferblättern garniert servieren.

11

Ein Schiff auf dem Trockenen

Adresse
Restaurant Gernsheimer Schiff
Wormser Straße 8
64579 Gernsheim
Telefon 06258/44 08
Fax 06258/52703
E-Mail restaurant@gernsheimer-schiff.de
www.gernsheimer-schiff.de

Öffnungszeiten
Do–Mo 12–14.30 und 18–24 Uhr

Ingrid Stolte im Gernsheimer Schiff in der Schöfferstadt am Rhein

Das schmucke Restaurant, das den Namen Gernsheimer Schiff trägt, ist ein beliebter Ankerplatz für Gäste mit Appetit auf Fisch und andere Genüsse. Hinter der wasserblauen Fassade empfängt Ingrid Stolte als herzliche Gastgeberin und „Kapitänin" ihre Gäste wie Freunde und richtet ihnen die Feste des Lebens mit Kompetenz und Herzblut aus.

„Ich habe einen Koch geheiratet, der stets in die Selbständigkeit wollte", sagt Ingrid Stolte. Sie wusste also, was auf sie zukam, als das Ehepaar mit dem damals dreijährigen Sohn vor bald 25 Jahren in die Gastronomie startete. Zuerst im Forsthaus Jägersburg in Bensheim, seit fast 20 Jahren nun im Restaurant Gernsheimer Schiff.

Mit dem Forsthaus machten sich die Stoltes einen Namen. Von Jahr zu Jahr vergrößerte sich das Einzugsgebiet, aus dem die Gäste in den Forst kamen, um Wildspezialitäten zu genießen. Viele dieser Gäste sind den Stoltes auch im Gernsheimer Schiff treu geblieben. Aufs Wasser muss hierfür keiner gehen. Der Name bezieht sich auf ein früheres Lokal am selben Ort, das für gutes Essen und Feiern stand und an dessen Tradition die Stoltes anknüpfen. Als sie das komplett sanierte Haus 1995 eröffneten, hatten die Stoltes damals (fast) ein Heimspiel: Ingrid Stolte kommt aus dem nahen Griesheim, ihr Mann ist Gernsheimer. Der gediegene Gastraum geht in einen modernen Wintergarten über, der an ein lichtdurchflutetes Sonnendeck erinnert. In der warmen Jahreszeit entfaltet der Biergarten seine Qualitäten: Dort wird dann nach Herzenslust gegrillt und gefeiert.

Willkommen an Bord!

◀ Ingrid Stolte führt das Gernsheimer Schiff mit Herz und Verstand.

Unter Schatten spendenden Bäumen ist im Garten Platz für 100 Gäste.

„Da wir so viele Stammgäste haben, ist es bei uns fast ein bisschen wie Familie", sagt die Gastronomin. Viele Sonderwünsche wisse sie schon vorab, wenn etwa ein „Salat ohne Tomate, dafür mehr Gurke" bestellt wird. Alles wird frisch zubereitet, von den Spätzle bis zu den Desserts. Auf der Speisekarte dominieren Gerichte mit Süß- und Salzwasserfischen. Doch auch Steak- und Bratenfreunde müssen nicht darben. Da gibt es Rehgulasch, Kalbsrückensteak und Rinderfilet oder Ente mit Rotkohl und hausgemachten Kartoffelklößen, kross gebratene Zanderfilets mit Blattspinat, Bandnudeln und Tomaten-Paprika-Sauce oder Lachs und Forellenfilet mit frisch geriebenem Meerrettich und grüner Kräutersauce. Montags gibts Seehechtfilet mit Frankfurter Grüner Sauce, donnerstags und freitags ist Backfischtag. Der frische Backfisch – aus Kabeljau – ist für viele Gäste *das* Highlight und „ein Genuss, für den wir fast eine Warteliste einführen müssen". Samstags lockt das Odenwälder Kochkäs'schnitzel mit Pommes und Salat. Ein kulinarischer Kalender macht jedes Quartal Appetit auf Sonderveranstaltungen.

Die Arbeitsteilung in dem hübschen Lokal, das circa 400 Meter vom Rhein entfernt liegt, ist klassisch – also wie in vielen Gastronomiebetrieben. Küchenmeister Karlheinz Stolte verantwortet die Küche, seine Frau betreut den Service, das Büro und eine Million Kleinigkeiten, die täglich anfallen und getan werden müssen. Damals, in ihrem früheren Leben als Bauzeichnerin, schleppten sich die Tage manches Mal lange hin. „Tage in der Gastronomie sind kürzer", hat Ingrid Stolte festgestellt. Sie sind aber auch weniger berechenbar. Trotzdem hat sie den Branchenwechsel ihrem Ehemann zuliebe noch nie bereut. Als Seiteneinsteigerin hat sie sich intensiv weitergebildet, Weinsemi-

Im „Schiff" können Genießer Anker werfen und sich verwöhnen lassen.

nare absolviert, Seminare über Arbeitsrecht, Mitarbeiterführung und Umgang mit Reklamationen besucht. Und ist eine Gastronomin wie aus dem Bilderbuch geworden. Ihr Tag beginnt gegen 10 Uhr im Büro. Ab 12 Uhr geht es im Lokal los, wo sie meist bis 15 Uhr für alles ansprechbar ist, was Gäste oder Mitarbeiter bewegt. Die Freistunde am Nachmittag nutzt sie gern für ein Mittagsschläfchen, bevor ab 17 Uhr das Abendgeschäft beginnt, in dem sie meist bis 22 Uhr präsent ist.

Besonders gern trifft Ingrid Stolte Bankettabsprachen für Familienfeiern und Feste. Immerhin 140 Gäste können in separaten Räumlichkeiten des Schiffes feiern. „Hochzeiten machen mir am meisten Spaß", dabei bekomme man immer auch Einblicke in eine Familie und müsse manches Mal kitzlige Situationen diplomatisch meistern. Stoltes Service geht bis hin zur Hilfe bei der Sitzordnung, „weil viele Leute das ja nicht so häufig machen wie ich".

Gediegene Atmosphäre im Restaurant, lichte Heiterkeit im Wintergarten.

„Freizeit muss man einplanen", das halten auch die Stoltes so. Im Sommer sind sie mit den Mountainbikes unterwegs, mal eben nach Worms oder Mainz, wo Sohn Stefan Physik studiert. In den Urlaub auf Mallorca nehmen die Stoltes die Rennräder mit. Entspannung ist es auch, wenn an ruhigen Sonntagabenden ihre Freunde zum Essen ins Lokal kommen. „Dann setzen wir uns schon mal dazu". So erlebt Ingrid Stolte wenigstens für kurze Zeit aus Gästesicht, was ihr Restaurant so angenehm macht.

Ausflugstipp

Peter Schöffer ist der berühmteste Bürger der Stadthistorie. 1425 in Gernsheim geboren, ging er als erster Buchverleger und Mitarbeiter von Johannes Gutenberg in die Geschichte ein. Seine Heimatstadt setzte ihm ein *Denkmal* vor dem städtischen Museum und trägt seit 2003 den vom hessischen Innenministerium verliehenen Namenstitel „Schöfferstadt". Die Gegend um Gernsheim ist ideal zum Radfahren, der 1.230 km lange *Rheinradweg* führt durch die Riedlandschaft.

Hausgemachte Edelfischsuppe

8 Black-Tiger-Garnelen | 200 g Sepia | 300 g gemischte Fischfilets, z. B. Seeteufel, Lachs und Red Snapper | 2 EL Olivenöl | 2 Knoblauchzehen, zerdrückt | 1 Lauchzwiebel, fein geschnitten | 1 EL Staudensellerie, fein gewürfelt | 1 EL Fenchel, fein gewürfelt | je 1 rote und grüne milde Chilischote, entkernt und fein geschnitten | 2 Fleischtomaten, gehäutet und gewürfelt | 2 Petersilienzweige | 1 Thymianzweig | ½ l Geflügelfond oder -brühe | Salz und schwarzer Pfeffer, frisch gemahlen | 2 cl Cognac

■ Garnelenschwänze aus der Schale lösen, Därme dabei entfernen. Sepia in Streifen, Fischfilets in Würfel schneiden.

■ Olivenöl in einem Topf leicht erhitzen. Garnelen, Sepia, Knoblauch, Gemüse und Kräuter dazugeben, unter Rühren anschwitzen. Geflügelfond angießen, aufkochen und bei reduzierter Hitze zehn Minuten leicht köcheln. Mit Salz und Pfeffer abschmecken, Kräuterzweige entfernen.

■ Fischstreifen in die Suppe geben, bei leichter Hitze fünf Minuten ziehen lassen (nicht mehr kochen). Mit Cognac abschmecken und servieren.

■ Als Beilage passt warmes Baguette mit Knoblauchbutter.

TIPP

Fischsuppe immer mit Geflügelfond kombinieren, statt ausschließlich Fischfond zu verwenden. Das schmeckt ausgewogener.

Ginger-Chili-Chicken

4 Maispoulardenbrüste mit Haut und Knochen | Salz und weißer Pfeffer, frisch gemahlen | Mehl zum Bestäuben | Olivenöl zum Braten | 12 Kirschtomaten, halbiert und Strunk entfernt | 2 milde Chilischoten, längs halbiert und entkernt | 4 Lauchzwiebeln, in fingerlange Stücke geschnitten | 1 Banane, geschält und gewürfelt | 1 TL indische scharfe Mixed Pickles (Asialaden) | 1 TL frisch Ingwer, geschält und fein gehackt | 1 Thymianzweig | 250 ml Kokosmilch | 1 Msp Kurkumapulver

■ Poulardenbrüste mit Salz und Pfeffer würzen, rundum mit Mehl bestäuben und in einer Pfanne mit Öl kräftig goldbraun anbraten. Fleisch in eine feuerfeste Form legen, Tomatenhälften dazugeben.

■ Den Backofen auf 180 °C vorheizen.

■ Übrige Zutaten in einer Pfanne bei kleiner Hitze anbraten, ohne zu bräunen. Mit Kokosmilch ablöschen, mit Kurkuma, Salz und Pfeffer abschmecken. Aufkochen lassen, Mischung über das Geflügel gießen und im vorgeheizten Backofen ca. zwölf Minuten fertig garen.

■ Als Beilage passt Basmatireis oder Bandnudeln.

TIPP

Helle Fleischsorten wie Putensteak, Kalbfleisch oder Hühnchen mit Salz und Pfeffer gewürzt in Mehl wenden und heiß anbraten. Die Sauce dazu separat zubereiten, so bleibt das Fleisch schön kross.

12

Die Bewahrung des Urgeschmacks

Adresse
Jausenstation Weißenbach
Weißenbachstraße 1
37247 Großalmerode-Weißenbach
Telefon 05604/67 49
Fax 05604/915081
E-Mail info@jausenstation.de
www.jausenstation.de

Öffnungszeiten
Mi, Fr–Mo 12–21Uhr

Die Schwestern Marion Ackermann-Weiland und Roswitha Pflüger in ihrer Jausenstation

„Eigentlich" wollten sie lediglich die Produkte der eigenen Landwirtschaft direkt vermarkten und Wanderern in idyllischer Lage am Hohen Meißner Wegzehrung bieten. In gut 20 Jahren haben die Schwestern Marion Ackermann-Weiland und Roswitha Pflüger aus der Jausenstation eine gastronomische Erfolgsgeschichte gemacht, die in ihrer Authentizität wohl einmalig ist.

Alles hausgemacht, rund 170 Produkte sind im Hofladen erhältlich, natürlich auch Ahle Wurst.

„Wo sind denn eure Männer", fragten die Banker, als die Schwestern bei ihrer Hausbank wegen eines Kredits vorstellig wurden. Darüber können die beiden Unternehmerinnen heute lachen. Damals war ihnen eher zum Heulen zumute. „Unsere Männer hatten mit unseren Plänen für die Jausenstation gar nichts zu tun", erzählen sie. „Wir wollten ja den landwirtschaftlichen Betrieb erhalten, den unsere Eltern aufgebaut hatten." Die Quereinsteigerinnen haben es trotzdem geschafft. Das Startkapital borgten sie bei Verwandten.

Es fing bescheiden an und wuchs und wuchs. Der „kleine Anbau" für ein Dutzend hungrige Wanderer wurde immer größer. Heute boomt das Geschäft, mittlerweile sind auch die beiden Söhne mit im Betrieb. Matthias Pflüger produziert die Wurst- und Fleischwaren, Alexander Weiland leitet die Käserei. „Zusammen mit unseren 20 Mitarbeitern sind wir ein eingeschworenes Team."

Teamwork hat in der Familie Tradition. Jahrzehntelang machten sie Tanzmusik und waren als „Die Crescendos" in ganz Nordhessen bekannt. Keine Hochzeit oder Vereinsveranstaltung, bei der sie nicht Säle und Festzelte mit Schlagern und Stimmungsmusik zum Tanzen brachten. Roswitha, die gelernte Floristin, spielte

◀ Zwei Powerfrauen mit der übernächsten Generation.

Tenorsaxophon, ihr Mann saß am Schlagzeug, Schwester Marion bediente das Keyboard, der Vater spielte Bass. Zehn Jahre lief beides noch nebeneinander, „dann war es einfach zu viel".

„Wir sind eine optimale Kombination", sind sich die Schwestern einig. Roswitha Pflüger hat schon immer gern gekocht und gebacken, Marion Ackermann-Weiland kann gut mit Menschen und leitet den Service. „Anfangs dachten wir, dass nur Gäste aus dem Umkreis kämen." Doch die Städter aus Kassel hatten die Jausenstation eher entdeckt als die unmittelbaren Nachbarn, die gar nicht genau wussten, „was wir eigentlich machen". Heute kommen Leute aus Fulda, Frankfurt, Marburg und Erfurt, um hier typische Gerichte und lustvolles Landleben zu erleben. Für Kinder ist mit Esel, Pony, Lämmern und Hasen ein natürlicher Abenteuerspielplatz entstanden.

Frische Kräuter, Gemüse und Obst wachsen im hauseigenen Bauerngarten.

Fleisch, Milch und Eier beziehen sie von Bio-Bauern der Umgebung, die nach Vorgaben der Schwestern arbeiten. Die Jausenstation-Schweine etwa sind erst mit vier Zentnern schlachtreif. Verarbeitet werden nur ganze Tiere, ob Gänse oder Schweine, alles wird verwertet und ergibt, falls nichts anderes daraus zu machen ist, gute Fonds und Brühen. „Wir decken die gesamte Produktionstiefe ab und verkaufen unseren eigenen Käse und Würste."

Wenn Rind oder Lamm geschlachtet wird, gibt es sonntags Rouladen, Leber oder einen großen Rinderbraten. „Echte Familiensonntagsgerichte" haben für Landleute wie die Pflüger-Schwestern noch eine wirkliche Bedeutung: „Wir essen traditionell nicht jeden Tag Fleisch." Deshalb ist „viel und billig gar nicht unser Ding", sagen sie. Weiterentwicklung ja, doch gleichzeitig wollen die Macherinnen der Jausenstation dem ursprünglichen Konzept von Qualität treu bleiben. Ihr oberstes Ziel ist der ursprüngliche unverfälschte Geschmack der Rohstoffe. Dabei wollen sie sich keineswegs auf Ahle Wurst und Weckewerk reduzieren lassen, die beiden bekanntesten nordhessischen Spezialitäten. Weckewerk ist das legendäre Gericht, bei dem früher alles, was beim Schlachten und Wursten übrig blieb, durch den Fleischwolf gedreht, gewürzt und angebraten wird. Ahle Wurst ist eine „alte", grob gekörnte und luftgetrocknete Rohwurst. Hungrigen Wanderern sollen die

traditionellen Rezepte ebenso schmecken wie anspruchsvollen Essern. Brettljause, Schlachtsuppe und Rippchen mit Schippeln (gebackene Kartoffeln mit Schale) stehen immer auf der Karte. Völlig zu Recht ist die Jausenstation darum im Genussführer von Slow Food verzeichnet. Fisch und jede Art von Tiefkühl- oder vorgefertigter Ware klammern die Schwestern rigoros aus.

Hausgemachte Produkte werden im Hofladen der Jausenstation sowie in eigenen Geschäften in Kassel und Helsa verkauft. Über seinen Online-Shop beliefert das Familienunternehmen Feinkostläden in ganz Deutschland. Seitdem eine Pension mit sechs komfortablen Doppelzimmern zur Jausenstation gehört, bekommt sogar der Fremdenverkehr am Hohen Meißner Aufwind. So können die Schwestern mit Fug und Recht behaupten: „Unsere Jausenstation ist bekannter als Weißenbach." Die Männer der Powerfrauen stehen höchstens mal hinterm Tresen. „Sie tolerieren unsere Arbeit und unsere Stunden, haben aber mit dem Betrieb nichts zu tun." Starke Frauen mit starken Männern.

Im Winter wird der Kachelofen in der Wirtschaft angefeuert.

Ausflugstipp

Die Schwestern empfehlen Wanderungen am und zum *Hohen Meißner* (753 Meter über dem Meer), dem höchsten Berg Nordhessens. Direkt am Haus beginnt ein 7-km langer Rundwanderweg mit markanten Aussichtspunkten und interessanter Flora. Im Winter sind Ski und Rodel möglich.

Hessisches Kräutersüppchen

Für 6–8 Portionen

500 g Petersilienwurzel | 1 EL Zucker | 2 Kartoffeln, geschält und grob gewürfelt | 2 l Gemüsebrühe | 250 ml Sahne | 1 Bund Petersilie | je ½ Bund Rucola, Schnittlauch, Sauerampfer, Pimpinelle und Basilikum | Salz und weißer Pfeffer, frisch gemahlen | Zucker | ½ unbehandelte Bio-Zitrone, Schalenabrieb

Kräuter und essbare Blüten zum Garnieren

13

Hochprozentiges ist ihr Metier

Adresse
Scheuer Cocktailbar
Hessenstraße 1
36358 Herbstein
Telefon 06643/1345
E-Mail info@scheuer-herbstein.de
www.scheuer-herbstein.de

Öffnungszeiten
Do–Sa ab 19 Uhr

Barkeeperin Margarete Brähler bei der Arbeit in ihrer Scheuer im Vogelsberg

Die besten Cocktails und Drinks in Hessen werden nicht in einer szenigen Bar in Frankfurt oder Wiesbaden gerührt und geschüttelt, sondern im Vogelsberg. Im Luftkurort Herbstein bittet Margarete Brähler ihre Gäste seit bald 30 Jahren an die Bar ihrer urigen Scheuer.

Das war „damals" neu: eine Cocktailbar auf dem platten Land.

Sie hat so viele Titel abgeräumt wie keine vor ihr – und damit eine Männerdomäne ins Wanken gebracht. Als erster Frau wurde ihr 2006 von der Deutschen Barkeeper-Union (DBU) die Auszeichnung „Barkeeperin des Jahres" verliehen, vier Mal war sie Hessische Landesmeisterin im Cocktailmixen. Es war „ein großer Moment" im Leben der Margarete Brähler, die von ihren meist männlichen Kollegen aus den schicken Hotel- und Szenebars immer ein wenig gönnerhaft behandelt worden war. In Herbstein im rauen Vogelsberg hat sie auf dem Gutshof ihrer Familie vor bald 30 Jahren ihre Scheuer eröffnet, die, wie der Name sagt, eine frühere Scheune ist. In uriger und gemütlicher Atmosphäre fühlen sich die Einheimischen wohl, aber auch jene, die der Ruf der Margarete Brähler angezogen hat. Da sie viel im Hessen Fernsehen zu sehen war, fanden und finden auch auswärtige Gäste den Weg nach Herbstein. „Mein Exotenfaktor hatte auch Vorteile", lacht Brähler. Ihre Welt ist die Bar, ihr Beruf Barkeeperin. Dabei geht es um Handwerk, Kreativität, Fachwissen und Fingerfertigkeit.

Als sie ihre Scheuer 1985 eröffnet, ist Margarete Brähler eine kleine Sensation im Vogelsberg. Klassische Cocktails stehen auf der Karte: Alexander, White Lady, Side Car und andere Sours.

◀ Mixen, Shaken, Rühren – Margarete Brähler weiß wie.

Pokale und Auszeichnungen pflastern ihren Weg.

Gäste von nah und fern lassen sich die Brähler'schen Cocktails schmecken.

Viele heute übliche Zutaten gab es nicht im Supermarkt zu kaufen, Limetten, Rohrzucker oder Cachaça, die Zutaten für eine Caipirinha. Margarete Brähler frischt in ihrer Scheuer gern Reiseerinnerungen an tropische Nächte und ebensolche Drinks auf, mixt Rumcocktails und Piña Colada. Mojito, Hemingways Lieblingsdrink, würzt sie mit Minze aus dem eigenen Garten. „Wo soll ich die hier sonst herkriegen?", fragt sie lachend. Das Heilbad Herbstein liegt – mit Verlaub – ein bisschen ab vom Schuss. Um den Nachschub zu sichern, baut sie selbst Minze, Kapuzinerkresse und Zitronenmelisse an. Früher fuhr sie mit dem Zug nach Frankfurt, um Zutaten zu kaufen, die sie im Rucksack nach Hause trug.

Als Frau in einem Männerberuf hat Brähler „kein Problem". Ehemann und drei Söhne sind „Praxistraining genug". Tagsüber stehen Familie und Hof im Mittelpunkt. Heinrich Brähler züchtet Bio-Charolaisrinder. Wenn die Scheuer um 19 Uhr öffnet, wandelt sich Margarete Brähler von der viel beschäftigten Landfrau zur Barkeeperin. Auf der Getränkekarte stehen Brählers „Winner Drinks" mit Namen wie „Mon Chéri", „Red Eternity" oder „Shakirah", allesamt Cocktails, mit denen sie bei Wettbewerben Preise einheimste.

Wer in der Scheuer an der Bar sitzt, bekommt die Brähler-Show dazu. Bei der Arbeit ist die Barkeeperin hochkonzentriert. Ein Spritzer – „dash" – zu viel Angostura, ein Schuss Zitrone zu wenig – und Geschmack und Harmonie eines Drinks sind dahin. Probieren muss sie nicht: „Das ist Handwerk", man hat das einfach „im Gefühl". Cocktails müssen jedoch so ausgewogen komponiert sein, dass der Gast immer mehr davon haben will. „Das Glas ist viel zu klein“ oder „Schade, dass er schon alle ist“ sind oft gehörte Kommentare.

Als Brähler 1994 in die DBU eintrat, war die Barkeeperin aus dem Vogelsberg ein unbeschriebenes Blatt. Sie fragte die Kollegen Löcher in den Bauch. Es sind die kleinen Kniffe, die eine besondere Note einbringen, ohne einen Klassiker zu verfälschen, etwa, indem man einen Drink mit Orange statt Zitrone abspritzt. Brähler hat sie alle drauf. Wenn sie zuweilen nachts zur Schnapsflasche greift, ist das auch kein Zeichen für ein Problem mit Alkohol. Sobald ihr eine neue Kreation einfällt, muss sie sie ausprobieren. „Auch mitten in der Nacht“, sagt die gelernte Kindergärtnerin mit Zweitausbildung an der Hotelfachschule.

Die Anforderungen bei Bar-Wettbewerben sind hoch, die Vorgaben strikt, gearbeitet wird unter Stress und Zeitdruck, „orientiert am Alltag in einer Bar“. 2005 gewann sie mit ihrem „Little Butcher“ (kleiner Metzger) die Cocktailmeisterschaften der Deutschen Barkeeper Union. Sie hatte das Glas mit Cocktail-Würstchen und Salzbrezeln dekoriert – und löste eine Revolution aus, denn „Alle standen drum herum und kriegten sich nicht mehr ein.“ Höchste Ehren folgten 2006 als Margarete Brähler als erste Frau zur Barkeeperin des Jahres gekürt wurde und Deutschland beim internationalen Barladies' Worldcup in Italien vertrat. Von ihren Erfolgen kündet eine ganze Batterie Pokale. Wettbewerbe will Margarete Brähler nun wirklich keine mehr gewinnen. Dabei sein jedoch schon, wenn die Bar-Elite mixt, rührt und schüttelt: Jetzt aber als Jurymitglied.

Ausflugstipp

Das Heilbad Herbstein liegt im *Naturpark Hoher Vogelsberg* 400 Meter hoch auf einem ehemaligen Vulkankegel, dem größten erloschenen Vulkan Mitteleuropas. Aufregend ist die Begehung des Burggewölbekellers, ein System an Kellern und Gängen in zehn Metern Tiefe unter der östlichen Stadtmauer. Es wurde 1975 für den Fremdenverkehr restauriert und ist im Rahmen von Führungen zugänglich. Die Deutsche Vulkanologische Gesellschaft zeichnete die Anlage als „Geotop des Jahres 2011“ aus. Die fünfte Jahreszeit wird in dem größtenteils katholischen Ort als *Foaselt* (Fastnacht) gefeiert und geht auf eine Tiroler Tradition zurück.
www.herbstein.de

Nomen est omen: Die Scheuer war einmal die Scheune des Gutshofs.

Die Barkeeperin aus Leidenschaft verliert selten den Überblick.

Shakirah

2 cl Licor 43 | 2 cl Maracujanektar | 1 cl Sahne/Rahm | 1 cl gelber Bananenlikör | 1 cl Passionsfruchtsirup | Eiswürfel

Dekoration Schokolade-Mikado-Stäbchen | Physalis oder Kapuzinerkresseblüte

■ Eiswürfel in einen Shaker geben, Zutaten über das Eis gießen, Shaker verschließen und shaken. Cocktail in eine Cocktailschale abstrainen (über ein Barsieb abgießen) und mit der Dekoration servieren.

Red Eternity

2 cl Martini bianco | 2 cl Aperol | 1 cl Limoncello | 1 cl Erdbeersirup | 1 cl Zitronensaft | Eiswürfel

Dekoration reife Erdbeere mit Grün oder Zitronenscheibe

■ Eiswürfel in einen Shaker geben, Zutaten über das Eis gießen, Shaker verschließen und shaken. Cocktail in eine Cocktailschale abstrainen und mit der Dekoration servieren.

Little Butcher

2 cl Metaxa 5* | 2 cl gelber Bananenlikör | 2 cl Passionsfruchtsirup | 10 cl Maracujanektar | Bier (nicht shaken) | Eiswürfel

Dekoration

Cocktailwürstchen | kleine Salzbrezeln | langer Holzspieß | 2 Trinkhalme

■ Eiswürfel in einen Shaker geben, Zutaten ohne Bier über das Eis gießen, Shaker verschließen und shaken.

■ Eiswürfel in ein Hurricaneglas (siehe Abbildung) geben, Cocktail über den Strainer (Barsieb) auf die Eiswürfel gießen und mit Bier auffüllen.

■ Mit Trinkhalmen, Würstchen und Salzbrezeln dekorieren und servieren.

14

Ein Leben für den Wein

Adresse
Hotel-Restaurant Krone
Rondellstr. 20
64739 Höchst-Hetschbach
Telefon 06163/931000
Fax 06163/81572
E-Mail info@krone-hetschbach.com
www.krone-hetschbach.de

Öffnungszeiten
Di, Mi, Fr–So 11.30–13.30 Uhr
und 18–21 Uhr

Die Sommelière Iris Wölfelschneider-Daab in der Krone Hetschbach im schönen Odenwald

Die Krone in Hetschbach ist seit 1872 Eigentum der Familie Wölfelschneider. Die amtierende Generation geht behutsam neue Wege und vertraut auf ambitionierte Küche und herausragende Weine. Sommelière Iris Wölfelschneider hat über 400 feine Tropfen im Keller liegen. Sie sind die perfekte Ergänzung zu den Speisen auf der Karte.

Genießen mit Blick ins Grüne.

Fällt in der Gastronomie der Begriff „zweigleisig“, bedeutet dies meist, dass Gäste die Wahl haben zwischen deftig-regionaler und gehobener Küche. In Traditionsbetrieben signalisiert er zudem, dass die nächste Generation angetreten ist, im Familienbetrieb das anzuwenden, was sie während ihrer Ausbildung an den besten Adressen erlernt und vervollkommnet hat. Wie in der traditionsreichen Krone. Zuerst hat Sohn Karl-Ludwig Wölfelschneider im elterlichen Betrieb die Speisekarte behutsam erweitert. Während in einem Raum wie seit eh und je Einheimische und Nachbarn an ihren Stammtischen beim Bier die gutbürgerlich-bodenständige Odenwälder Küche verspeisten, wurde nebenan im aufgemöbelten Ambiente gediegen getafelt. Eine Zweigleisigkeit, die Gäste in der Krone bis heute schätzen. Je nach Lust und Appetit speisen sie mal im „Fine Dining“, mal in der traditionellen Gaststube, erzählt Iris Wölfelschneider.

Die Ideen ihres Bruders haben auch die junge Restaurantfachfrau und Sommelière überzeugt. Die Hessenmeisterin ihres Ausbildungsberufs ging selbst in die Vollen. Zur ambitionierten Küche ihres Bruders trägt sie gute Weine und fachkundige Beratung bei.

◀ Iris Wölfelschneider: „Wein ist meine Leidenschaft“

15

Eine Bayerin in Hessen

Adresse
Rosis Restaurant
Am Birnbusch 17
65510 Hünstetten-Bechtheim
Telefon 06438/2126
Fax 06438/72423
www.rosis-restaurant.de

Öffnungszeiten
Fr–Mo 12–14 und ab 18 Uhr

Rosi Althen in ihrem weiß-blauen Rosis Restaurant im Taunus

In der Küche war Rosi Althen, die Wirtstochter vom Ammersee, stets allein unter Männern. In ihrem eigenen Restaurant in Bechtheim ist nun Ehemann Thomas allein unter Frauen. Gemeinsam haben sie Rosis Restaurant zur Gourmetadresse gemacht.

Wer reserviert, hat meist die Chefin selbst am Telefon. „Das ist nett, da kann ich gleich das Essen absprechen und mich schon auf die Leute freuen." Typisch Rosi. In ihr Restaurant kommt man nicht zufällig. Dazu ist Bechtheim, zwischen Wiesbaden und Limburg landschaftlich reizvoll gelegen, eben doch ein bisschen hinter den sieben (Taunus-)Hügeln. Das 800-Seelen-Dorf hat zwar kein Gästepotenzial für Rosis Restaurant – aber himmlische Ruhe. Drei Jahre dauerte es, bis sich herumgesprochen hatte, dass eine tolle Köchin aus der Wiesbadener „Ente" in Bechtheim kocht.

In der Küche war Rosi stets allein unter Männern. Mit fünfzehn wird sie von ihrem Vater, dem Wirt vom Unterbräu in Dießen am Ammersee, „in die Lehr'" nach Augsburg geschickt. Damals herrschte in Profiküchen noch ein rauerer Ton als heute. Rosis Kollegen warteten nur darauf, „dass die's nicht schafft". Sie haben Dickschädel und Zähigkeit der bayerischen Wirtstochter unterschätzt. Die Rosi beißt sich durch und wird eine richtig gute Köchin. Ihre nächste Stelle, den Schwarzen Bock in Wiesbaden, behält sie in guter Erinnerung, weil sie dort den (Restaurantfach-)Mann fürs Leben kennen lernt: Thomas Althen ist der richtige Partner privat und für die Selbstständigkeit.

Danach arbeiten die beiden – jetzt als Ehepaar – im Nassauer Hof in Wiesbaden wo „ein Koch aus Minga" (=München) ein Lokal

Die vielen Stammgäste machen sich immer wieder gern auf den Weg in Rosis Reich.

◀ Die Koikarpfen im Teich sind Rosi Althens ganzer Stolz.

eröffnet. Der heißt Hans-Peter Wodarz und engagiert sie für sein bald darauf bekanntes Sternerestaurant „Die Ente vom Lehel“. Sechs Köche, darunter die Rosi, und ihr Mann als Sommelier: Allein unter Männern, mal wieder. Doch ganz anders als bisher: „Wodarz war mein erster menschlicher Chef“, schwärmt Rosi. Einer, der zwar viel verlangt, aber seine Leute auch gut behandelt. Doch nach zwei „wunderbaren“ Jahren wollen die Althens einen eigenen Betrieb – und landen 1984 in Bechtheim.

Bis auf Ehemann Thomas im Service arbeiten nur Frauen in Rosis Restaurant. Seit sie entscheidet, „mit wem ich arbeite und meine Zeit verbringe, nehme ich nur Frauen“, betont sie. Eine hat vor 28 Jahren bei ihr Köchin gelernt und ist heute Souschefin.

26 Hühner leben im „Stadl“, ihre frischen Eier landen direkt in Rosis Küche.

Auf Rosi Althens Speisekarte findet jeder etwas, obwohl ihre Küche alles andere als beliebig ist. Man muss die Zutaten nicht auf dem Teller suchen, denn, so Rosi: „Mir san halt a Wirtschaft.“ Das ist natürlich untertrieben, hat ihr Restaurant doch ein sehr gediegenes Ambiente. Kulinarisch bleibt Rosi der klassischen Linie treu und ihre Gäste lieben sie dafür. Tiere bezieht sie als Ganzes aus der Region. Sie werden von den Bäckchen über die Innereien bis zu den Edelteilen komplett verarbeitet. Aus Knochen und Fleischresten entstehen Fonds und köstliche Saucen, in denen die hausgemachten Nudeln baden können. Sie beherrscht den Spagat zwischen fein und deftig. Es gibt gebackene Blutwurst mit Apfelscheiben, Kalbsbries und Calamari, Kaninchen mit Tagliatelle oder eine schaumig-leichte Curry-Ingwer-Suppe und perfekt gebratene Ribeye-Steaks mit Bratkartoffeln und Kohlrabi. Gemüse ist bei Rosi nicht al dente, sondern „so weich wie nötig“.

Die Arbeitsbereiche mit Ehemann Thomas sind klar abgegrenzt „Sonst hätte ich ihn längst erschlagen“, sagt sie in ihrer bayerisch-deftigen Art und lacht herzlich. Privat und Betrieb gehen bei den Althens ineinander über. Selbst das Fahrtenbuch von Rosis flottem

Mini Cooper weist kaum Privatfahrten aus. Sie fährt zum Einkaufen, das reicht. Liegen keine Reservierungen vor, lassen die Althens ihr Restaurant einfach zu. An Ruhetagen fahren sie am liebsten zu jenen Köchen zum Essen, die ihrer Auffassung von guter Küche am nächsten kommen. Das sind Highlights im Leben der Althens.

Von der Terrasse aus blicken die Gäste in den wunderschön angelegten Garten.

Rosi spricht eine deutliche Sprache, ist authentisch, ehrlich, offen, mit Mutterwitz und feinem Humor gesegnet. Ganz wie ihre Küche, die ohne neumodischen „Schmarrn" auskommt, modern, leicht und deftig zugleich, aber immer köstlich. Ihr Sohn hat sich für BWL statt Gastronomie entschieden. Daher wünscht sie sich jemand Nettes, der ihr Restaurant einmal weiterführt. Denn eines fernen Tages, „auf d'Rente hin", zieht es die Althens in Rosis bayerische Heimat.

Ausflugstipp

Nur sieben Kilometer von Rosis Restaurant entfernt liegt Bad Camberg. Die über 1000-jährige Gemeinde genießt als *ältestes hessisches Kneippheilbad* einen hervorragenden Ruf. Die Innenstadt ist gesäumt von eindrucksvollen Fachwerkhäusern. Schmuckstück ist der imposante Amthof von 1605, mit seiner Länge von 140 Metern der größte Fachwerkbau der Gegend. Entspannen kann man sich im nahen Kneipp-Kurpark und seinen Wasserspielen. Im Kräutergarten wachsen auf 800 qm 120 Stauden und 15 Gehölze. *www.Bad-Camberg.de*

In Rosis Restaurant wird Wert auf Tafelkultur und Service gelegt.

Kalbsbäckchen in Madeirasauce

Für 5 Portionen

10 Kalbsbacken (ca. 1 ½ kg) | edelsüßes Paprikapulver und Salz | Schweineschmalz | ½ Lauch | 1 Zwiebel | ½ Sellerie | 2 Karotten | 1 mehlige Kartoffel | 1 süßer Apfel | 50 g Spitzmorcheln, getrocknet | 2 Lorbeerblätter | 4 Nelken, | 1 EL gelbe Senfsaat | 2 EL Öl zum Rösten | ½ l Rotwein | 100 ml Madeira | Salz | 1 Schuss Cognac

■ Den Backofen auf 160 °C vorheizen. Kalbsbacken mit Paprikapulver und Salz würzen. Mit warmem Schweineschmalz bestreichen, ca. eineinhalb Stunden in einem Bräter im Backofen schmoren. Fleisch herausnehmen und noch warm die Fettschicht ablösen. Fleisch beiseite stellen, Bratensatz im Bräter mit Wasser lösen.
■ Lauch, Zwiebel, Sellerie und Karotten putzen bzw. schälen und grob schneiden. Kartoffel schälen, zusammen mit dem Apfel würfeln. Morcheln in warmem Wasser einweichen.
■ Abgetrenntes Fett mit dem geschnittenen Gemüse und den Gewürzen in einem Topf in heißem Öl rösten, bis alles gebräunt ist. Mit Bratfond, Rotwein und Madeira ablöschen. Kartoffel- und Apfelwürfel dazugeben und eine halbe Stunde köcheln lassen. Topfinhalt durch ein Spitzsieb passieren, Gemüse mit einer Kelle gut ausdrücken und den Fond wieder in den Topf gießen. Eingeweichte Morcheln in einem Tuch gut ausdrücken, das Einweichwasser dabei auffangen. Morcheln halbieren, Einweichwasser durch ein Sieb gießen und beides in den Fond geben.

■ Sauce köcheln lassen, bis die gewünschte Konsistenz erreicht ist, mit Salz abschmecken. Backen in die Sauce geben und bei mittlerer Hitze ziehen lassen, bis das Fleisch weich ist. Vor dem Servieren mit einem Schuss Cognac abrunden.
■ Als Beilage passen hausgemachte Nudeln und glasierte junge Möhren dazu.

Buntes aus dem Meer

Für 5 Portionen

Sauce 3 Schalotten, geschält | 1 Knoblauchzehe, geschält | Butter zum Andünsten | 3 Tomaten, Strunk entfernt, Tomatenfleisch klein gewürfelt | 1 EL Tomatenmark | ½ l Gemüsebrühe | 1 EL Zucker | ½ TL frischer Thymian, fein gehackt | Salz

3 Gemüsepaprikas (rot, grün, gelb) | 500 g Brätlinge (kleine Kartoffeln, z. B. Drillinge) | 1 kleiner Pulpo | 500 g Miesmuscheln | 200 ml Weißwein | 1 Lauchstange, geputzt und das Weiße klein geschnitten | ½ Karotte, geschält und klein geschnitten | 500 g große Crevetten oder Garnelenschwänze, bereits ausgelöst | 4 EL Olivenöl | 500 g Tintenfische (Calamare), küchenfertig | 2 Knoblauchzehen, geschält und fein gehackt | 2 Chilischoten, entkernt, im Mörser zerstoßen | grobes Meersalz
500 g Steinbeißer- oder Heilbuttfilet | 500 g Lachsfilet | Meersalz | 1 Zitrone, Saft | 1 EL Mehl | 3 EL Olivenöl

■ Den Backofen auf 200 °C vorheizen.
■ Für die Sauce Schalotten und Knoblauch klein schneiden, in etwas Butter glasig anschwitzen, Tomaten und Tomatenmark dazugeben, mit Gemüsebrühe auffüllen. Die Sauce ca. 15 Minuten kochen, dann durch ein Spitzsieb passieren, mit Zucker, Thymian und Salz abschmecken.
■ Paprikas im vorgeheizten Backofen rösten, bis die Haut Blasen wirft. Aus dem Ofen nehmen, in einem Gefrierbeutel etwas abkühlen lassen und dann die Haut vorsichtig abziehen. Paprikas achteln, in einer feuerfesten Form beiseite legen. Brätlinge abbürsten und zehn Minuten in kochendes Salzwasser geben, bis sie gar sind. Gut abtropfen lassen.
■ Pulpo ca. 40 Minuten im leicht siedenden Salzwasser garen, Miesmuscheln gründlich waschen, bereits geöffnete Muscheln entfernen. Muscheln in etwas Weißwein mit Lauch und Karotten köcheln, bis sich alle geöffnet haben. Ungeöffnete wegwerfen.
■ In einer großen Pfanne Olivenöl erhitzen. Tintenfische, Garnelen, gekochte Brätlinge mit Knoblauch und Chili bei mittlerer Hitze rundum anbraten, zum Schluss mit grobem Meersalz bestreuen.
■ Backofen auf 100 °C vorheizen. Fischfilets in je fünf Stücke teilen, mit Salz und Zitronensaft würzen, mit Mehl bestäuben und in einer Pfanne auf der Haut ca. zwei Minuten im erhitzten Öl anbraten und im vorgeheizten Backofen ca. 15 Minuten garen. Paprikas im Ofen kurz erhitzen.
■ Tomatensauce auf vorgewärmte tiefe Teller geben, gebratene Fischstücke und Meeresfrüchte mit Kartoffeln darauf verteilen, erhitzte Paprikas als Garnitur an den Rand legen.

TIPPS
Dazu passt frisches Baguette. Statt Gemüsepaprika eignen sich auch grüne spanische Peperoni (Pimientos de Padrón).

16

Qualität im Fachwerkdenkmal

Adresse
Restaurant Höerhof
Obergasse 26
65510 Idstein im Taunus
Telefon 06126/500 26
E-Mail info@hoerhof.de
www.hoerhof.de

Öffnungszeiten
Di–Sa 12-14 und 17.30–22 Uhr
So 12–14 Uhr
Mo 17.30–22 Uhr

Sabine Kogge in ihrem Höerhof im historischen Stadtkern Idsteins

Seit fast 400 Jahren gehört „das Schlösschen" am Rande der Bilderbuch-Altstadt zu den Sehenswürdigkeiten Idsteins. Heute führt Sabine Kogge das stilvolle Hotel und Restaurant in einem der prächtigsten Fachwerkgebäude des Taunus-Städtchens.

Der Höerhof – heute wieder ein Schmuckstück Idsteins.

In der Geschichte des Höerhofs spielten zwei Architekten eine richtungsweisende Rolle. Heinrich Höer, Schlossbaumeister der Grafen Nassau-Idstein, und der Architekt Herbert Schlüter. 1990 erwarb das Ehepaar Schlüter, Sabine Kogges Eltern, das denkmalgeschützte Anwesen und bauten Scheune, Ställe und Lagerräume um den Innenhof und die stattliche Linde herum zu einem kleinen, feinen Hotel mit 14 Zimmern, Restaurant und Tagungsräumen aus. Das denkmalgeschützte Anwesen wurde verpachtet, was mit Insolvenz der damaligen Pächter endete. Eine Delle fürs Image, vor allem in Idstein, wo der Höerhof als eines der prominentesten Gebäude eine Vorrangstellung innehat. Schlüter-Tochter Sabine Kogge, gelernte Hotelfachfrau mit Bachelorabschluss in Tourismus, übernahm die Geschäfte. Der Höerhof war ihr von Kindheit an vertraut. Doch sie lebte mit Ehemann und Kindern in den USA und dachte „eigentlich" nicht an eine Rückkehr nach Deutschland. „Ich wäre im Ausland geblieben, wenn die Pächter nicht solchen Mist gebaut hätten", sagt sie rückblickend. Mit kleinen Schritten begann sie, der „runtergewirtschafteten Bruchbude" eine neue Struktur zu geben und ein neues Mitarbeiterteam aufzubauen. Sie plante vorsichtig: Erst verdienen, dann investieren. Drei Jahre nach der Übernahme schrieb der Höerhof wieder schwarze Zahlen. Den Gewinn steckte sie in die weitere Verschönerung, um die sehr individuellen Zim-

◀ Engagement und ein Händchen für Details und hohe Qualität beweist Sabine Kogge.

17

Italien im Herz und auf der Zunge

Adresse
Enoteca Osteria Weinstube
Jordanstraße 11
34117 Kassel
Telefon 0561/77 37 05
E-Mail info@osteria-kassel.de
www.osteria-kassel.de

Öffnungszeiten
Mo–Sa ab 18 Uhr

Gisela Levorato in ihrer Osteria in der nordhessischen Kulturmetropole Kassel

Sie ist Deutsche, kocht aber wie die sprichwörtliche italienische mamma. Gisela Levoratos Weg in die Küche ist die Geschichte einer großen Liebe. Die Liebe zum Kochen trug die quirlige Frau in sich, die Liebe zu ihrem italienischen Ehemann Elis weckte ihre Lust auf Gastronomie. Gemeinsam haben sie ein Stück Kasseler Gastronomiegeschichte geschrieben.

Für Gisela Levorato, die Autodidaktin am Herd, war es von der Einzelhandelskauffrau zur Wirtin kein leichter Weg. Mit 22 Jahren lernte sie ihren Elis kennen, einen jungen Kellner aus dem Friaul, der nach Kassel kam, um deutsch zu lernen. Es ist die große Liebe, bis heute. Schwierig war nur der unterschiedliche Lebensrhythmus: Er in der Gastronomie, sie im Büro. „Wir sahen uns viel zu wenig", erinnert sich Gisela Levorato. Elis wechselte die Branche, doch sein Herz schlug für die Gastronomie. Und da Gisela Levoratos Herz längst für Italien und seine Küche schlug, kam es, wie es kommen musste: 1984 eröffneten sie ihr „La Frasca", was Besenwirtschaft bedeutet.

Der Name war ironisch gemeint, in einer Zeit, da Italiens Küche im nordhessischen Bewusstsein noch auf Pizza und Spaghetti Bolognese reduziert war. Die Levoratos dagegen schickten ihre Gäste auf lustvolle kulinarische Entdeckungsreisen mit Genüssen der norditalienischen Küche. Ländliche Gerichte wie Kaninchen mit Polenta aus dem Ofen machten schnell Furore. „Nach drei Monaten galten wir bereits als Geheimtipp". Erste lobende Bewertungen in Restaurantführern erschienen. Unversehens hatte sich La Frasca von der Besenwirtschaft zum Gourmetlokal entwickelt. „Dabei

Tipico italiano: **Das Ambiente, die Speisen, die Weine und die Gastlichkeit.**

◀ **Seit Jahren bekocht Gisela Levorato Feinschmecker mit Genüssen aus dem *bel paese*.**

Alles frisch, deshalb ist die Speisekarte kurz – und täglich neu.

Die Weinkarte ist umso länger und listet 400 Positionen auf.

wollten wir nichts Abgehobenes, sondern ein Weinlokal für jeden Tag und für jedermann."

Im Mai 2003 kehrten Gisela und Elis Levorato zu ihren Wurzeln zurück, verliehen ihrem Lokal in Ambiente und Angebotspalette wieder Weinstubencharakter und nennen es seither konsequenterweise „Osteria". Ohne freilich dem erreichten hohen Niveau in Küche und Keller *addio* zu sagen. Die große La Frasca-Küche hat Gisela, die Frau mit dem Faible für das raffiniert verfeinerte Bodenständige, nicht „verlernt". Manchmal muss es die knusprige Ente aus dem Rohr mit Balsamicosauce sein, serviert mit Rahmwirsing und gerösteter Polenta, manchmal ist ein Teller mit hausgemachten italienischen Vorspeisen genau das Richtige.

Osteria-Gäste dürfen keine ellenlange Speisekarte erwarten. Kurz und bündig sind vier Vorspeisen, je zwei Pasta- und Fleischgerichte und eine Fischkreation, täglich wechselnd, je nach Einkauf und Marktlage, aufgelistet. Osso bucco nach Giselas Art ist „ganz ohne Knochen und Gezupfe, einfach nur köstlich". Die Tagliata wird weithin gerühmt und darf nie auf der Karte fehlen. Renner ist der Saibling – aus der Region natürlich – mit italienischem Kartoffelsalat, den Gisela mit Rotweinessig, Olivenöl, klein geschnittenem Gemüse, hausgemachtem Pesto und grünen Bohnen anmacht. Der Salat ist ihre Erfindung. Zu Gisela Levoratos gehobener Landküche gehören auch internationalere Gaumenfreuden wie Tête de Moine mit Feigensenf und Klassiker wie Carpaccio vom Roastbeef mit Trüffelöl. Tiramisù haben die Levoratos als Dessert damals in Kassel eingeführt, „das kannte man vorher nicht", schmunzelt die Wirtin. Zu ihrer „Herzensküche" gehören auch Ausflüge in andere Länderküchen. Zu einem kräftigen Sauvignon aus Elis' Keller kocht sie schon mal ein Thai Curry. „Diese Freiheit nehm' ich mir", sagt sie selbstbewusst – und ihre Gäste lieben sie dafür. Dazu hält Elis' Weinkarte gut 400 Gewächsen aus aller Welt bereit.

Ein Geheimtipp ist die Osteria schon lange nicht mehr. Die Levoratos sind an Prominente wie Mario Adorf, Udo Jürgens und Peter Maffay gewöhnt. Ein Weltstar wie Brad Pitt war aber „schon noch mal was anderes", findet Gisela Levorato. Der an Kunst wie Architektur interessierte Hollywood-Star besuchte 2012 die Documenta und saß mit Freunden und Bodyguards bei den Levoratos zu Tisch. Antipasti, Wasser und Wein standen auf der Tafel, weiter ging es mit Giselas luftig-lockeren Gnocchi mit Kaninchen und dem „weltbesten Nougat-Parfait", von dem mehrfach nachbestellt wurde.

Sind abends die Bestellungen abgearbeitet, sitzen die Levoratos gern auf dem Bänkchen an Tisch Nummer 12, „dem berühmten Thekentisch". Zur Entspannung backt die Deutsche mit dem italienischen Familiennamen Kuchen, unternimmt mit ihrem schwarzen Labrador Elliot lange Spaziergänge durch den Kaufunger Wald und liest Krimis. Doch kaum glaubt man die Frau mit dem kecken Haarschnitt zu kennen, zieht sie das nächste Ass aus dem Ärmel. Auch nach rund 30 Jahren ist sie stets auf der Suche nach neuen Rezepten und schafft es dabei immer wieder, sich selbst zu übertreffen.

Die Weinstube der gehobenen Art hat viel Atmosphäre.

Ausflugstipps

Seit der Grenzöffnung nach Osten liegt die drittgrößte Stadt Hessens – nach Frankfurt und Wiesbaden – im Zentrum Europas. Die Documenta-Stadt war bis 1866 Hauptstadt der Landgrafschaft Hessen und des Kurfürstentums Hessen-Kassel, wovon zahlreiche Residenzen und Schlösser zeugen. Das *Schloss Wilhelmshöhe* beherbergt vier unterschiedliche Museen. In der Gemäldegalerie Alter Meister etwa wird die größte Sammlung niederländischer Malerei außerhalb Hollands gezeigt. Den Kasseler Apoll und weitere antike Kunstwerke trifft man in der Antikensammlung. Interessant ist auch die graphische Sammlung sowie die repräsentativen Räume im Weißensteinflügel. Der Bergpark mit dem Kasseler Wahrzeichen Herkules und seinen Wasserspielen ist seit 2013 UNESCO Welterbestätte. Zudem hat man einen grandiosen Ausblick auf die Stadt und das Fridericianum am heutigen Friedrichsplatz, den ersten öffentlichen Museumsbau auf dem europäischen Kontinent. *www.museum-kassel.de*

Alle fünf Jahre findet mit der *Documenta* die weltweit bedeutendste Ausstellung für zeitgenössische Kunst statt. Sie dauert jeweils 100 Tage. *www.documenta.de*

Rucola-Salat mit Pecorino, Birnen und Walnüssen

4 reife Birnen | 150 g mittelalter Pecorino | 4 Bund Rucola

Dressing 5 EL Olivenöl | 3 EL Walnussöl | 2 EL Aceto Balsamico | 1 EL Himbeeressig | Salz und schwarzer Pfeffer, frisch gemahlen | 50 g Walnusskerne, grob gehackt | 1 EL Granatapfelkerne

■ Birnen schälen, entkernen und in je acht Spalten schneiden. Käse dünn hobeln. Birnenspalten auf Tellern verteilen.

■ Rucola waschen und trocken schleudern. Zutaten für das Dressing mit einem Schneebesen aufschlagen und mit dem Rucola vermischen.

■ Salat auf den Birnen anrichten, Käsehobel darübergeben und mit Walnuss- und Granatapfelkernen bestreuen.

Kaninchenragout mit hausgemachten Gnocchi

Für 6 Portionen
1 kg Kaninchenfleisch, klein gewürfelt | 4 EL Olivenöl | 1 Karotte und 1 Stück Knollensellerie, geschält und klein gewürfelt | 2 Zwiebeln, geschält und gehackt | 4 Knoblauchzehen, geschält und gehackt | 1 EL Rosmarinnadeln | ½ l trockener Weißwein | 480 g Dosentomaten (Pelati), gehackt | etwas Geflügelbrühe | Salz und weißer Pfeffer, frisch gemahlen
Kartoffelgnocchi 1 kg Kartoffeln, mehlig kochend | Mehl für die Arbeitsfläche | 2 Eier | 4 EL geriebener Parmesan | 2 TL Salz | 250 g Weizenmehl (Type 405)
1 Stück Parmesan zum Hobeln

■ Kaninchenfleisch in Olivenöl anbraten, bis es schön gebräunt ist. Gemüsewürfel, Zwiebeln, Knoblauch und Rosmarin dazugeben und mitbraten. Mit Weißwein ablöschen und so lange kochen, bis der Wein fast verkocht ist. Dann die Tomaten hinzufügen, bei Bedarf noch mit Geflügelbrühe ergänzen, mit Salz und Pfeffer würzen. Das Ragout 40 Minuten bei kleiner Hitze köcheln.
■ Kartoffeln in der Schale kochen, pellen und durch eine Kartoffelpresse auf eine mit Mehl bestäubte Arbeitsfläche drücken.

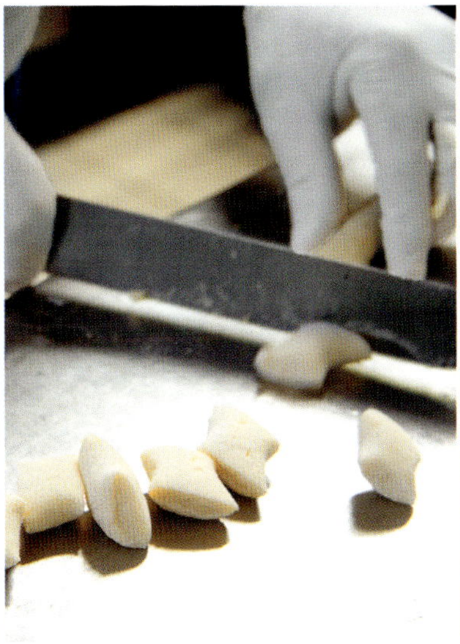

Eier, Parmesan und Salz dazugeben und vermengen. Nach und nach das Mehl einarbeiten und alles zu einem homogenen Teig verkneten. Aus dem Kartoffelteig auf einer bemehlten Fläche fingerdicke Rollen formen, diese in ca. 2 cm lange Stücke schneiden. Die Gnocchi in leicht gesalzenem, siedendem Wasser drei bis vier Minuten garziehen lassen. In einem Sieb abtropfen lassen.

■ Gnocchi auf vorgewärmten tiefen Tellern anrichten, Kaninchenragout darüberschöpfen, mit gehobeltem Parmesan garnieren und servieren.

TIPP

Zu diesem Gericht passen auch gut frische Bandnudeln.

Bonèt – Piemonteser Schokoladen-flan mit Zwergorangenkompott

Für ca. 12 Portionen
150 g Zucker für die Form
1 l Milch | 250 g Amaretti (italienische Plätzchen mit Aprikosenkernen und Mandeln) | 50 g Kakaopulver | 90 g Zucker | 8 Eier (Größe M) | 4 cl Rum
600 g Bio-Zwergorangen (Kumquats) | 80 g Zucker | 200 ml Wasser | 100 ml Orangensaft

■ In einem Topf mit dickem Boden den Zucker langsam karamellisieren lassen und eine passende Kastenform damit auskleiden. Alle restlichen Zutaten in der Küchenmaschine ca. zehn Minuten zu einer glatten Masse verrühren.

■ Den Backofen mit einem Wasserbad in der Fettpfanne auf 150 °C vorheizen. Flanmasse in die mit Karamell ausgekleidete Kastenform füllen und im heißen Backofen im Wasserbad ca. 1½ Stunden stocken lassen. Flan aus dem Ofen nehmen und erkalten lassen.

■ Zwergorangen in kochendem Wasser 10–15 Minuten garen, in einem Sieb abtropfen und erkalten lassen. In einem Topf den Zucker hell karamellisieren. Zwergorangen halbieren und mit dem Karamell vermischen. Mit Wasser und Orangensaft ablöschen und köcheln, bis sich der Karamell aufgelöst hat und die Flüssigkeit sirupartig eingekocht ist.

■ Vor dem Servieren den Flan auf eine Platte stürzen und im Ganzen auftragen, oder in Stücke schneiden und auf Tellern anrichten. Mit dem Zwergorangenkompott servieren.

18

Alm-Atmosphäre im Habichtswald

Adresse
Herbsthäuschen Waldgaststätte
Ehlener Straße 17
34131 Kassel-Bad Wilhelmshöhe
Telefon 0561/38882
Fax 0561/602470
E-Mail info@herbsthaeuschen.de
www.herbsthaeuschen.de

Öffnungszeiten
Di–So 11–18 Uhr
und nach Vereinbarung

Heike Röhl-Elsner in ihrem charmanten Waldgasthaus Herbsthäuschen

Die gute regionale Küche, gespickt mit alpenländischen Hüttenschmankerln, und Kaffeespezialitäten, ofenfrische Blechkuchen sowie die zünftigen Hüttenabende haben das Herbsthäuschen zum beliebten Ausflugsziel gemacht. Die Fäden zieht Inhaberin Heike Röhl-Elsner, die als Gastgeberin das Lokal entscheidend prägt und mit moderner Gemütlichkeit ein Stück Alpen in den Kasseler Habichtswald holt.

Das Herbsthäuschen gehört zu Kassel wie der Herkules und ist seit den 1920er-Jahren ein beliebtes Ausflugslokal im Habichtswald. Unter dem Motto „rustikal, romantisch und herzlich" werden Gäste hier seit fast 100 Jahren betreut. Als das Haus im Dezember 2005 durch einen Brand komplett zerstört wurde, trug halb Kassel Trauer. Fast jeder hatte Erinnerungen an das Herbsthäuschen, an Familienausflüge, an erste Versuche auf Skiern am Hang. „Es war ein unfassbarer Schock", erinnert sich Besitzerin Heike Röhl-Elsner. Die Diplom-Ökonomin, die bis dahin im Marketing eines Energiekonzerns tätig war, machte sich mit Verve und vielen Ideen an die Planung für den Wiederaufbau. Das neue Herbsthäuschen wurde etwa 150 Meter vom alten Standort am Fuße einer sonnigen Alm errichtet und 2006 wieder eröffnet.

Heute stehen drei Buchenstämme mit einer Höhe von fast fünf Metern im neuen Lokal und tragen die Dachkonstruktion. Ein großer Kamin vermittelt Hüttenflair, ganz wie es Heike Röhl-Elsner für ihr Restaurant vorschwebte. Das am nordhessischen Jagdhausstil orientierte Gebäude aus Holz passt bestens in den Wald.

Gefragte Adresse mit besonderem Ambiente für Feiern und Feste mitten im Wald.

◀ Die Gastronomin lässt sich vieles einfallen, damit das Herbsthäuschen einmalig ist und bleibt.

Bei Schnee ist im Herbsthäuschen „Action“ angesagt.

Im Sommer weiden am Hang neben den windgeschützten Sonnenterrassen Kühe. Dieser Alm und deren Flurbezeichnung „Kleines Herbsthaus“ verdankt das Lokal seinen hübschen Namen. Hier, im lauschigen Waldbiergarten wird die Illusion von der Kasseler Alm perfekt. Im Winter hat man bei heißem Tee oder Glühkirsch freien Blick auf Rodler und Snowboarder, die den Hügel herunterbrettern. „Das Herbsthäuschen spricht Emotionen an und steht für einen neuen Alpen-Lifestyle“, den Inhaberin Heike Röhl-Elsner zu recht mit Stolz „nordhessisches Alm-Feeling“ nennt.

Dem alpenländischen Ambiente entspricht das kulinarische Angebot, das sich an der Bergwelt orientiert. Zutaten und Produkte stammen aus Kassel und Umgebung. Zünftig gehts zu, wenn Weißwürste, Brett'ljausen, Radibrot oder Almkäse-Apfelsalat mit Brez'n, Kaiserschmarrn und Marillenknödel serviert werden. Althergebrachtes beibehalten und Neues integrieren ist die Aufgabe, der sich Heike Röhl-Elsner und ihr Team jeden Tag aufs Neue stellen. Beliebt sind auch die knusprigen Spanferkel vom Holzkohlegrill und die sommerlichen Grillbuffets. Die Liebe zur Region zeigt sich in den nordhessischen Spezialitäten: Ahle Wurst, Weckewerk, Sülze, Blut- und Leberwurst gehören dazu und werden eigens fürs Herbsthäuschen von einem Erzeuger in der Nähe hergestellt. Bei Hochzeiten und Feiern zeigt die Küche mit feinen Menüs und Büfetts, was sie sonst noch auf der Pfanne hat.

Ob mit oder ohne Schnee – diese Adresse ist immer für einen „Einkehrschwung“ gut.

Im Frühling beginnt die Freiluftsaison mit den beiden traditionellen Waldfesten am 1. Mai und an Himmelfahrt mit Live-Musik auf der Waldbühne. Im Herbst beginnt die Zeit der Partys mit der „TrachtNacht TR8N8“, dem „Oktoberfest in Wald und Flur“, den Hüttenabenden und Weihnachtsfeiern, für deren Ausrichtung das Herbsthäuschen so beliebt ist. An den Winterwochenenden ist Après Ski angesagt, wenn unter freiem Himmel zu fetziger Musik getanzt wird. „Da steht hier alles voller Schlitten und Skier“, lacht die Gastronomin. Wer drinnen keinen Platz mehr ergattert, dem bietet die „AlmJause“ draußen in der Wintersonne heiße Getränke und Deftiges vom Grill – Blick auf den Rodelhang inklusive.

Den Besuch im Herbsthäuschen muss man sich allerdings verdienen. Vom Parkplatz führt ein rund 1,6 Kilometer langer Weg an einer Wiese vorbei zur „Oase im Wald“ mit ihrem besonderen Ambiente. Wer nicht zu Fuß gehen will, kann sich nach Absprache mit einem Shuttlebus von den Parkplätzen Ziegenkopf, Firnsbachtal und Kletterpark holen und auch wieder zurück bringen lassen.

Während der Winterzeit sind die Fackelwanderungen durch den verschneiten Habichtswald bei den Gästen beliebt. Wenn sie dann an dem mit unzähligen Glühbirnen, Tannen und Weihnachtskugeln geschmückten Herbsthäuschen anlangen, erwartet sie ein Empfang mit heißem Glühkirsch bei Kerzenschein. Wer da keine romantischen Gefühle bekommt …

Die Gastgeberin ist ihren Gästen stets eine präsente Ansprechpartnerin, was sie schmunzelnd „Guest Relations“ nennt. Sie organisiert und realisiert Veranstaltungen, präsentiert Menüvorschläge und erledigt die komplette Administration. Organisation ist alles, das Wirtschaftsstudium lässt grüßen. Die Kasselanerin führt einen „Familienbetrieb“, wie sie sagt. Ihre beiden Kinder sind zwar zum Studium aus dem Haus, finden sich aber an vollen Tagen ebenso zum Helfen ein wie ihre Eltern und ihr Ehemann, die den Betrieb bei Bedarf tatkräftig unterstützen. Die Gäste des Herbsthäuschens danken es Röhl-Elsner und ihrem netten Team und sorgen mit ihren Besuchen dafür, dass das Herbsthäuschen ein dauerhafter „Hot Spot“ in der Gastronomieszene Kassels ist.

Rustikales und Feines: bei Heike Röhl-Elsner hat beides seinen Platz.

Ausflugstipps

Bergpark Wilhelmshöhe mit Herkules, Wasserspielen (seit 2013 UNESCO Welterbestätte) und Roseninsel sind vom Herbsthäuschen nur 3 km entfernt. Der Herkules thront seit 1717 als Wahrzeichen Kassels auf 530 m Höhe auf dem Gipfel des Karlsbergs über der Stadt. Von seiner Aussichtsplattform hat man einen herrlichen Blick über die gesamte barocke Parkanlage, die Stadt und die umliegenden Mittelgebirge. *www.museum-kassel.de*

Roseninsel und -park: Eine der romantischsten Rosenanlagen der Welt mit rund 1000 Sorten befindet sich am Schlossteich und auf der Roseninsel im Bergpark Wilhelmshöhe. *www.roseninsel-kassel.de*

19

Himmlische Genüsse, irdische Gelüste

Dorothee Strieder in ihrem Restaurant Himmel und Erde

Adresse
Restaurant Himmel und Erde
Kapelle am Schafsberg
Joseph-Heppel-Straße 1 a
65549 Limburg
Telefon 06431/5847208
E-Mail info@kapelle-himmelunderde.de
www.kapelle-himmelunderde.de

Öffnungszeiten
Mi–Fr 12–14 Uhr
So 12–16 Uhr
Di–Sa ab 18 Uhr

Dorothee Strieder hat in einer Limburger Kapelle ihr gastronomisches Glück gefunden und das Restaurant „Himmel und Erde" zu einer der ersten Adressen Limburgs gemacht.

Schneiderin, Heilpraktikerin, Homöopathin, Wirtin – ein stimmiger Werdegang für eine Gastronomin, findet Dorothee Strieder. Zum Dasein als Wirtin passe es doch bestens, dass Heilpraktiker stets auf den individuellen Menschentyp eingehen. Ganzheitlich eben. Genau dieser Ansatz könnte für den Erfolg des Restaurants mit entscheidend sein, das Strieder mit Ehemann Andreas und den Kindern Theresa, Julius und Jonathan in Limburg führt.

„Als Gastronomen sind wir Quereinsteiger – aus Liebe zueinander und zum Beruf", erzählt die Gastronomin aus Leidenschaft. Ihren Mann, einen Musikarchivar, lernte sie beim Chorsingen kennen. Der leidenschaftliche Hobbykoch begann private Caterings auszurichten, dann ermunterten Freunde die Strieders, ein Lokal in einer umgebauten Scheune zu eröffnen „Wir haben unsere Lieblingsessen auf die Karte gesetzt und die Gäste kamen", erzählt Strieder. Zehn erfolgreiche Jahre lang machten sie sich einen Namen und viele Stammgäste. Bis die Limburger Kapelle lockte. „Das sollte so sein, es war Glück und hat uns gefunden", freut sich Dorothee Strieder.

Die Kapelle am Limburger Friedhof, vor über 100 Jahren in der malerischen Neogotik des Historismus erbaut, wurde mit Eröff-

Ein Ort mit besonderer Ausstrahlung, an dem die Freude regiert.

◀ Gastronomische Quereinsteigerin mit erfolgreichem Konzept: Dorothee Strieder.

nung einer neuen Aussegnungskapelle 1976 stillgelegt. Keiner wusste, was mit dem denkmalgeschützten Gebäude geschehen sollte. Der jahrzehntelange Leerstand endete, als ein Limburger Architekt den richtigen Investor und die richtigen Pächter, die Strieders, für sein Restaurantprojekt in der Kapelle fand. Trotz Graffiti-beschmierter Wände und dem mit Gerümpel vollgestellten Innenraum wusste Dorothee Strieder sofort, was aus der Kapelle zu machen wäre: „Ich sah es genau vor mir." Der Innenraum wurde farblich neu gestaltet, Wandheizung und Theke wurden installiert und die Küchen- und Nebenräume in einem Anbau untergebracht. Original erhalten ist der Fußboden aus Solnhofener Kalkschiefer.

Wo früher Gottesdienste gefeiert wurden, wird heute himmlisch gespeist – mit dem Segen der Kirche.

Von Anfang an banden die Strieders die Kirchen mit ein, sodass die Umwidmung der Kapelle fast geräuschlos über die Bühne ging. Zur Eröffnung gab der katholische Stadtpfarrer dem Projekt hilfreiche Worte mit auf den Weg: „Zum Leben gehört der Tod, zum Tod gehört das Leben, zum Leben gehört die Gastfreundschaft. Möge nach 100 Jahren Traurigkeit nun 100 Jahre Freude regieren." In den ersten Monaten wurden die Strieders förmlich überrannt. „Wir standen unter hohem Druck", die gesamte Stadt schaute auf das, was in der Kapelle vor sich ging. Selbst kritische Limburger, die das Ganze anfangs für ein Sakrileg hielten, „finden das Ergebnis toll".

Die Predigt wird heute nicht mehr von der Kanzel gehalten, sondern zur Begrüßung am Tisch, wenn Strieder ihren Gästen die Tagesgerichte vorträgt. Die Karte ist zweigeteilt in „Irdische Genüsse" mit Klassikern wie Rinderroulade, Coq au Vin in Burgunder, deftige Spinat-Brot-Klöße, die so genannten „Priesterwürger" – Strangolapreti –, oder ganz traditionell „Himmel und Erde", gewissermaßen das Stammgericht des Kapellen-Restaurants aber keineswegs Namensgeber, wie Dorothee Strieder betont. Der Name war ihre „Eingebung". Bei den „himmlischen Genüssen" am Abend variiert „Self-Made"-Koch Andreas Strieder frische Produkte in

mehreren Menügängen. Auf eine Rote-Bete-Cremesuppe könnte Jakobsmuschel im Speckmantel auf Haselnuss-Erbsen-Püree folgen, danach Entenbrustfilet in Cassis-Sauce oder Hirschmedaillons mit Pflaumen, Aprikosen und Walnüssen in Portweinsauce, Käse und Dessert.

Vor der Kapelle sitzt man bei schönem Wetter im lauschigen Garten.

Fröhliche Familienfeste finden ihren würdigen Rahmen in der Kapelle. Mit Kochkursen, Weindegustationen und anderen kulinarischen Events haben sich die Strieders eine große Fangemeinde erkocht. Es gibt in der Kapelle keine Veranstaltungen von der Stange, „denn nur so kann man sich immer wieder neue Sachen ausdenken". Paare, die das „romantische Dinner" gebucht haben, sitzen leicht erhöht im Chorraum und genießen ein Rund-um-Sorglos-Menüpaket zum Festpreis. Es ist der ideale Rahmen für Heiratsanträge. „Wir haben schon einige Kniefälle erlebt und Ringe in Schatzkisten an den Tisch getragen", lacht Strieder. Für die frisch Verlobten ist es Ehrensache, ihre Hochzeitsfeier in der Kapelle zu feiern.

Abstand vom Alltag gewinnt die engagierte Gastronomin bei der Lektüre homöopathischer Werke und ihrem Hobby, dem Stricken. „Dabei kann ich mich wunderbar entspannen und meine Gedanken schweifen lassen." Obwohl es so vieles gibt, das zum Wohlfühlen beiträgt, feilt die Wirtin unermüdlich am Konzept. Es ist die Summe liebevoller Details, die das „Himmel und Erde" zum Gesamtkunstwerk aus Gastronomie, Architektur und Atmosphäre werden ließen. „Wir machen uns viele Gedanken, investieren viel Liebe – das spüren die Gäste offenbar und honorieren es."

Nicht nur „Himmel und Erde" wird in der Genusskapelle am Schafsberg serviert.

Ausflugstipp

Limburgs mittelalterliche Bauten sind nahezu unversehrt erhalten. Der ehemals ummauerte Stadtkern von 1315 steht heute komplett unter Denkmalschutz. Die *Altstadt* ist lebendig, hier wird gewohnt, gearbeitet, eingekauft und gemütlich flaniert. Über allem thront der *Limburger Dom*, fast 800 Jahre alt und Kirche des Bischofs von Limburg. Charakteristisch sind die Doppelturmfassade, Langhausemporen, Zwerggalerie und die Rautendächer der Türme. Die jüngste Innenrestaurierung förderte farbenfrohe romanische Fresken aus dem 13. Jahrhundert zutage: ein in Europa einmaliger Kunstschatz. *www.limburgtourismus.de*

Strangolapreti (Priesterwürger) in Salbeibutter

250 g Toastbrot | 125 ml Milch | 3 Eier | 1 Zwiebel, geschält | 2 Knoblauchzehen, geschält | 2 EL Öl | 450 g TK-Blattspinat, aufgetaut | 80 g Semmelbrösel | 75 g Parmesan, gerieben | 20 g Oreganoblättchen, gehackt | Salz und schwarzer Pfeffer, frisch gemahlen | Muskat, frisch gerieben | Mehl für das Blech

Salbeibutter 1 Bund Salbei | 100 g Butter | Salz

1 Stück Parmesan zum Hobeln

■ Vom Toastbrot die Rinde abschneiden, das Brot klein würfeln und in eine Schüssel geben. Milch mit Eiern verquirlen, über das Brot geben und 20–30 Minuten einweichen lassen. Zwiebel und Knoblauch klein schneiden und in einer Pfanne mit etwas Öl anschwitzen, bis sie leicht gebräunt sind. Ausgedrückten Spinat hinzufügen, das Ganze bei niedriger Hitze dünsten, bis die Flüssigkeit komplett verdampft ist. Spinat aus der Pfanne nehmen, hacken und zum Toastbrot geben. Semmelbrösel, Parmesan und Oregano dazugeben, alles gut durchkneten. Mit Salz, Pfeffer und Muskat würzen. Aus der Masse kleine Klößchen formen und auf ein bemehltes Backblech legen.

■ In einem Topf Salzwasser zum Kochen bringen. Klößchen hineingeben und ca. zehn Minuten im siedenden Wasser garziehen lassen, bis sie oben schwimmen.

■ Salbeiblätter von den Stielen pflücken. Butter erhitzen, bis sie anfängt zu schäumen. Salbeiblätter dazugeben und bei mittlerer Hitze braten, bis die Butter zu bräunen beginnt. Pfanne vom Herd nehmen, Salbeibutter mit Salz würzen.

■ Zum Servieren die abgetropften Klößchen (Strangolapreti) auf tiefen Tellern anrichten und geschäumte Salbeibutter darübergeben. Mit frisch gehobeltem Parmesan garnieren und servieren.

Kaninchenkeule und -filet mit heller Balsamico-Sauce

4 Kaninchenkeulen | Salz und schwarzer Pfeffer, frisch gemahlen | 4 Kaninchenfilets | 80 ml weißer Aceto Balsamico, gute Qualität | 90 ml italienisches Olivenöl, gute Qualität | 4 Knoblauchzehen, geschält | 10 Wacholderbeeren | 3 Rosmarinzweige | 4 Lorbeerblätter
4 EL Olivenöl zum Anbraten | 150–250 ml Sahne oder Crème double (nach Geschmack)

■ Kaninchenkeulen salzen und pfeffern. Zusammen mit den ungewürzten Filets in eine Schale geben. Balsamico und Olivenöl darübergießen, zerdrückten Knoblauch, Wacholderbeeren, Rosmarin und Lorbeer dazugeben. Alles gut vermischen, mit Deckel oder Folie bedecken und im Kühlschrank zwei bis drei Tage marinieren. Das Fleisch in der Marinade hin und wieder wenden.

■ Zum Anbraten die Keulen und Filets aus der Marinade nehmen und abtropfen lassen. Olivenöl in einer Pfanne erhitzen, Kaninchenkeulen bei mittlerer Hitze langsam anbraten. Dabei hin und wieder einen Löffel Marinade zugießen und weiterbraten, bis das Fleisch schön gebräunt ist.

■ Den Backofen auf 180 °C vorheizen.

■ Keulen aus der Pfanne nehmen und in einen Bräter legen. Restliche Marinade in einer Pfanne aufkochen, über die Kaninchenkeulen geben und den Bräter mit Deckel in den Backofen stellen. Das Fleisch im vorgeheizten Backofen eine Stunde schmoren lassen. Danach die Keulen aus dem Bräter nehmen und warm halten.

■ Bratenfond durch ein Sieb in einen separaten Topf seihen, aufkochen und soviel Sahne oder Crème double unterrühren, bis eine geschmeidigen Sauce entsteht. Abschmecken, Keulen in die Sauce legen und warm halten.

■ Kaninchenfilets salzen und pfeffern. In einer Pfanne in Olivenöl von allen Seiten kurz scharf anbraten, aus der Pfanne nehmen, in Alufolie gewickelt im ausgeschalteten warmen Backofen ein paar Minuten ruhen lassen. Vor dem Servieren zu den Keulen in die Sauce legen.

■ Als Beilage passen Polenta, Gnocchi oder Rosmarinkartoffeln aus dem Backofen sowie ein bunter Sommersalat mit Rucola.

TIPP

Das Rezept lässt sich auch ohne Sahne zubereiten, aber die Harmonie von Sahne, Olivenöl und Aceto Balsamico ist einmalig!

Gestürzte Sahnecreme mit frischen Erdbeeren

600 ml Sahne/Rahm | 50 g Zucker | 1 Vanillestange | 2 ½ Blatt weiße Gelatine | 1 EL Grand Marnier

Erdbeersauce 200 g reife Erdbeeren, geputzt | 2 EL Puderzucker | 1 TL Zitronensaft | Erdbeeren zum Garnieren

■ Creme am Vortag zubereiten, damit sie fest werden kann. Dazu Sahne mit Zucker und aufgeschlitzter Vanillestange in einem Topf langsam zum Kochen bringen. Etwas stehen und abkühlen lassen, dann durch ein Sieb passieren. Gelatine in kaltem Wasser einweichen, ausdrücken und in der warmen Sahnemischung auflösen. Zum Schluss Grand Marnier unterrühren.
■ Vier flache Förmchen mit kaltem Wasser spülen (nicht abtrocknen), mit der Sahnemischung füllen und sofort mindestens 24 Stunden in den Kühlschrank stellen.
■ Erdbeeren mit Puderzucker und Zitronensaft pürieren und durch ein Sieb streichen.
■ Zum Servieren die Cremes aus den Förmchen lösen, dazu mit einem dünnen Messer am Innenrand der Form entlangfahren und die Cremes vorsichtig auf Teller stürzen. Mit Erdbeeren und etwas Sauce garniert servieren.

Adresse
Hotel Restaurant Dammühle
Dammühlenstr. 1
35041 Marburg-Wehrshausen
Telefon 06421/935 60
Fax 06421/36118
E-Mail dammuehle@t-online.de
www.hotel-dammuehle.de

Öffnungszeiten
ganztätig
kein Ruhetag

20

500 Jahre Familientradition

Sabine Becker, Inhaberin und Chefköchin der Dammühle bei Marburg

Die Welt war ihre Bühne, als Stewardess stillte sie ihr Fernweh, lernte ferne Länder und Kulturen kennen. In der historischen Dammühle bei Marburg setzt sie die Generationen überdauernde Tradition ihrer Familie fort. Sabine Becker steht am Herd und kann sich nichts Schöneres vorstellen, als die Mühle weiter auszubauen und für die nächste Generation zu bewahren.

Die Vorfahren der heutigen Mühlenbesitzerin waren findige Leute. Als an der Mühle das Wasser knapp wurde, schauten sie sich nach einem Zubrot um. Die Gastronomie war erst Nebenerwerb, dann Hauptstandbein. Anfangs kamen vor allem Studenten, die auf dem Mühlenareal die damals verbotenen Mensuren schlugen. Seit über 100 Jahren ist die Dammühle nun eines der beliebtesten Ausflugsziele der Gegend. Bis zum heutigen Tag pilgern Marburger und Menschen aus der Region bei schönem Wetter in Scharen zur Dammühle.

1967 hatte noch unter der Ägide von Sabine Beckers Eltern der Ausbau zum Landhotel begonnen. „Dort, wo heute die Heinrich-Suite entstanden ist, haben wir früher gewohnt, die ganze Großfamilie, neun Leute", erinnert sich Sabine Becker an weniger komfortable Zeiten. Seither haben Sabine Becker und ihr Mann Horst Hertel-Becker die Mühle Stück für Stück weiter ausgebaut. Restaurant, Biergarten, das wieder instand gesetzte Mühlrad, ein Teich, Wiesen und der viele Platz auf dem Mühlengelände sind ein Paradies für Familien. Doch auch Tagungsgäste haben die Idylle im Grünen längst entdeckt. Sie können in komfortablen Hotelzim-

Paradiesisch gelegen: das Mühlengelände mit Hotel und Restaurant.

◀ Sabine Becker variiert Bekanntes gekonnt mit Neuem.

21

Das Haus der starken Frauen

Barbara Bär in ihrem historischen Gasthaus Zum Grünen Baum

Adresse
Historisches Gasthaus
Zum Grünen Baum
Große Gasse 17
64720 Michelstadt
Telefon 06061/2409
Fax 06061/73281
E-Mail gruener.baum.michelstadt@t-online.de
www.gruenerbaum-michelstadt.com

Öffnungszeiten
Di–So 10–24 Uhr
Betriebsferien: je zwei Wochen im November und im Februar

An starken Frauen hat es in der über 325-jährigen Geschichte des geschichtsträchtigen Gasthauses Zum Grünen Baum nie gefehlt. Eine davon ist Barbara Bär, die nach einigen Umwegen das Familienerbe angenommen und zum weithin bekannten und beliebten Schmuckstück gemacht hat: Ein typisches Odenwälder Gasthaus, mit Fachwerkfassade und quicklebendigem Innenleben.

Macher waren sie mehr oder weniger alle, die Wirte des 1685 eröffneten „Bürgergasthauses“. Die letzten vier Generationen jedoch übernahmen Wirtinnen das Ruder – und oft auch die Kochlöffel. „Weil die Männer nicht mitzogen, früh starben oder schlichtweg nicht passten“, weiß Barbara Bär aus eigener Erfahrung. „Männer und starke Frauen – das tut selten gut“, lautet die nüchterne Bilanz der quirligen Blondine mit dem enormen Durchsetzungsvermögen. Selbst ist die Frau. Seit sie dies weiß, ist sie zufriedener, als Gastgeberin und Chefin, deren 20 Mitarbeiter für sie durchs Feuer gehen.

Mit Barbara Bär beginnt 2002 eine neue Zeitrechnung für den Grünen Baum. Sie fühlt sich der langjährigen Geschichte ihrer Familie und des Grünen Baums verpflichtet. Sie will das Haus nicht nur erhalten, sondern weiter ausbauen und beginnt, den gesamten Komplex schrittweise zu erneuern. Einen Raum nach dem anderen nimmt sich die Unternehmerin vor. Auch die schicken Hotelzimmer im Nebenhaus tragen ihre Handschrift, sind gemütlich und komfortabel mit vielen netten Extras. „Wenn der Plan in meinem Kopf steht, geht es ganz schnell“. So kamen ein repräsentativer Festsaal, der Biergarten – einer der schönsten im Odenwald – und

Durch den Hof geht es zu den schmucken Hotelzimmern in historischen Fachwerkhäusern.

◀ Die zielstrebige Barbara Bär weiß, was sie will.

Der Tradition verpflichtet: Das denkmalgeschützte Gebäudeensemble wird ständig verschönert.

Parkplätze dazu. Im Nachbarhaus entstanden eine moderne Küche und das Bistro „Atelier“ nach einem Konzept von Bärs Tochter Erika, das vom Start weg zum lokalen Szenetreff wurde, wo vom Frühstück bis zum abendlichen *Aperitivo* immer etwas los ist.

„Disziplin, Fleiß, Kreativität, Flexibilität und eine gesunde Risikobereitschaft“, zählt Bär als Eigenschaften auf, die man braucht, um einen solchen Betrieb zu führen. Eigenmotivation, einen starken Willen, Fachkompetenz und Organisationstalent hat sie mitgebracht, Humor und Gelassenheit waren hilfreich.

Barbara Bär, geborene Dingeldein, wollte Theologie und Kunstgeschichte studieren, vielleicht auch Tierärztin, „niemals aber Wirtin werden“. Es kam anders. Sie wurde schwanger, als Alleinerziehende war ein Studium „erstmal gegessen“. Sie steigt im Grünen Baum ein, den ihre Mutter Margarete Dingeldein führt. Offiziell absolviert die Tochter eine Lehre als Restaurantfachfrau, „praktisch war ich für alles zuständig“. Kein Ruhetag, dazu das Kind. Mit Anfang 20 ist Barbara Bär ausgebrannt und stellt sich die Sinnfrage: „Das kanns nicht gewesen sein.“ Sie ertrotzt sich ein paar Tage Urlaub und erobert sich nach dieser Machtprobe weitere Freiräume. Zum Bruch kommt es 1995: Barbara will ausbauen, die Mutter nicht. Daraufhin heuert die Tochter bei einer Industrievertretung als Sekretärin an. Ihr tut sich eine neue Welt auf, sie stellt fest: Verkaufen liegt mir. Bald vertritt sie ihren Chef auf internationalen Meetings und ist viel unterwegs. Tochter Erika wird gut betreut, doch „das Kind musste mit vielem fertig werden“. Das hat beide aber nur noch stärker zusammengeschweißt.

Auch im Biergarten macht der Grüne Baum seinem Namen alle Ehre.

Nach sechs Jahren lenkt ihre Mutter ein, Barbara Bär soll den Grünen Baum übernehmen. Die besteht auf klaren Regeln: „Die Chefin bin ich.“ Die Mutter zieht sich auf ihren Bauernhof im nahen Rehbach zurück, von dem der Grüne Baum mit Geflügel und Lamm versorgt wird.

Als „Basisdemokratie mit einem Schuss Diktatur“ beschreibt Barbara Bär ihren Führungsstil. Sie entscheidet, doch vorher holt sie Meinungen ein. Wenn sie von „meiner Betriebsfamilie“ spricht, ist das keine leere Worthülse. „Wir leben unter einem Dach, arbeiten zusammen und beim gemeinsamen Mittagessen geht es ein bisschen zu wie in einer Großfamilie“, lacht die Wirtin. Bei neuen

Schmeckt an heißen und kalten Tagen – die fruchtige Apfelweinkaltschale.

Mitarbeitern und Auszubildenden richtet sie sich weniger nach Zeugnissen, mehr nach „meinem Eindruck" und nimmt auch Kandidaten mit „problematischem Hintergrund". Jeder hat eine Chance verdient, findet sie. Auch sie wurde erst auf Umwegen Wirtin – eine besonders erfolgreiche dazu. Und eine, die viel von sich selbst verlangt, denn „es ist harte Arbeit, Gästen ein paar glückliche Stunden zu schenken". Sie schließt morgens auf und abends zu, nachmittags gönnt sie sich eine Zimmerstunde, zum Lesen oder Schlafen. Barbara Bärs Tochter Erika, die BWL studiert, sammelt gerade bei „Leading Hotels of the World" Erfahrungen in der Branche. Sie hilft immer wieder aus und macht auch die Urlaubsvertretung, wenn sich ihre Mutter im Februar zwei Wochen an der Ostsee frischen Wind um die Ohren wehen lässt – nur ihr Hund darf mit. Trotzdem kann sich die Gastronomin nichts Schöneres vorstellen: „Mein Betrieb ist mein Leben."

Ausflugstipp

Unter den Fachwerkhäusern der pittoresken *Michelstädter Altstadt* ist das historische Rathaus wohl das berühmteste und originellste. 1484 im Stil der Spätgotik errichtet, ziert es eine Briefmarke der Deutschen Post. Sehenswert ist auch die *Einhards-Basilika*, erbaut von Einhard, dem Biographen Karls des Großen, und eines der letzten erhaltenen karolingischen Bauwerke Deutschlands. Ebenfalls sehenswert: das *Jagdschloss Eulbach* mit seinem riesigen Landschaftspark. *www.michelstadt.de*

Hüttenthaler Zicklikäse im Strudelteig mit Wildkräutersalat

für 6 Portionen

Strudelteig mit Zicklikäse 350 g Mehl | 1 Prise Salz | 1 EL Öl | 100 ml Wasser, lauwarm | 1 EL Butter, flüssig | Mehl zum Bestäuben | 150 g Ziegenfrischkäse | flüssiger Rosmarinhonig

Salat 6 Handvoll gemischte Salatblätter mit frischen Wildkräutern nach Geschmack und Saison

Walnussdressing 40 ml Walnussessig | 40 ml stilles Wasser | 25 ml Walnussöl | Salz und schwarzer Pfeffer, frisch gemahlen | 1–2 Schalotten, geschält | 1 Handvoll Walnüsse

■ Mehl, Salz, Öl und lauwarmes Wasser mischen. Mit den Knethaken des Handrührers oder in der Küchenmaschine etwa zehn Minuten zu einem glatten, elastischen Teig verarbeiten. Diesen zur Kugel formen, mit flüssiger Butter bestreichen. Mit einem scharfen Messer oben ein Kreuz hineinschneiden, dann die Teigkugel in Folie verpackt bei Zimmertemperatur zwei Stunden ruhen lassen.
■ Den Backofen auf 180 °C vorheizen.
■ Ein sauberes Tischtuch gleichmäßig mit Mehl bestäuben. Darauf den Strudelteig so dünn wie möglich ausrollen. Mit den flachen Händen unter die Teigplatte gehen und den Teig über den Handrücken gleichmäßig immer dünner ausziehen. Der Teig ist richtig, wenn das Muster der Tischdecke gut zu sehen ist – oder wenn man eine Zeitung dadurch lesen könnte. Teig in gleichmäßige Rechtecke schneiden, in deren Mitte je ein Stück Ziegenkäse portionieren. Teigstücke zu kleinen Beuteln formen, auf ein gefettetes Blech setzen und im vorgeheizten Backofen auf mittlerer Schiene fünf bis sechs Minuten backen.
■ Für das Dressing Essig, Wasser und Öl aufschlagen, mit Salz und Pfeffer abschmecken. Schalotten in kleine Würfel schneiden, Walnüsse grob hacken. Beides erst kurz vor dem Servieren mit dem Dressing vermischen.
■ Den Salat mit Kräutern und Dressing vermischen. Auf Tellern anrichten, darauf je ein heißes Strudelbeutelchen setzen, mit Rosmarinhonig beträufeln und servieren.

Tafelspitz mit Grüner Sauce

Für 4–6 Portionen
1 kg Tafelspitz | 2–4 TL Salz
Frischkräuter für Grüne Sauce: Borretsch, Kerbel, Kresse, Petersilie, Pimpinelle, Sauerampfer und Schnittlauch | 300 g Schmand | 150 g saure Sahne | 2 EL Sahne/Rahm | 1 EL Senf | 2 EL Öl | 1 EL Essig | Salz und weißer Pfeffer, frisch gemahlen

■ Fleisch kalt abwaschen und in einen Topf geben. Mit heißem Wasser auffüllen, bis es bedeckt ist, ohne darin zu schwimmen. Bei hoher Hitze stark aufkochen lassen, den Schaum mit einer Kelle abschöpfen. Danach die Temperatur reduzieren, bis es nur siedet und der Deckel aufgelegt werden kann. Je nach Wassermenge 2–4 TL Salz dazugeben und eineinhalb bis zwei Stunden sanft sieden lassen.
■ Für die Grüne Sauce die Kräuter fein hacken, dabei für die Garnitur ein paar Zweige aufheben. In einer Schüssel mit Schmand sowie saurer und süßer Sahne, Senf, Öl und Essig verrühren und die Sauce mit Salz und Pfeffer abschmecken.
■ Zum Servieren den Tafelspitz in möglichst dünne Scheiben schneiden und mit der grünen Sauce auf Tellern anrichten.
■ Dazu passen Salzkartoffeln oder neue Kartoffeln, als Pellkartoffeln zubereitet, sehr gut.

Apfelweinkaltschale

je 250 ml Apfelwein und Wasser | 500 g säuerliche Äpfel | 75 g Rosinen | 30 g Zucker | 1 EL Speisestärke | 1 EL Zitronensaft | gemischte Beeren zum Garnieren

■ Apfelwein und Wasser in einem Topf aufkochen.
■ Äpfel schälen, entkernen, in kleine Stücke schneiden und mit Rosinen und Zucker im Apfelwein und Wasser so lange kochen, bis sie weich sind, aber nicht zerfallen.
■ Speisestärke in etwas kaltem Apfelwein anrühren, Suppe damit binden und mit Zitronensaft abschmecken.
■ Abkühlen lassen und kalt stellen. Die Suppe in tiefe Teller schöpfen, mit frischen Beeren garnieren und servieren.

22

Odenwälder Gastlichkeit

Sabrina Katzmaier im Haus Schönblick mitten in der unberührten Natur der Nibelungenregion

Adresse
Haus Schönblick
Hotel-Restaurant
Hüttenthalerstraße 30
64756 Mossautal-Güttersbach
Telefon 06062/5380
Fax 06062/61242
E-Mail info@hotel-haus-schoenblick.de
www.hotel-haus-schoenblick.de

Öffnungszeiten
warme Küche Mi–So
von 11.30 bis 14 Uhr und
von 18 bis 21.30 Uhr

Vom Urlaub auf dem Bauernhof zum schmucken Landhotel mit weithin gerühmter Küche haben drei Generationen der Familie Kiehl ihr Scherflein beigetragen. Heute richtet die Tochter, Sabrina Katzmaier, das Haus Schönblick als Oase für Genießer, Ferien- und Tagungsgäste neu aus.

Es war immer ihr Traum, im Schönblick einzusteigen. Darauf hat sich Sabrina Katzmaier, geborene Kiehl, zielstrebig vorbereitet und gleich zwei Ausbildungen absolviert. Sie lernt erst Köchin, dann Restaurantfachfrau in der Krone Hetschbach und schließt als bester Azubi Hessens ab. Nach Erfahrungen in der Schweiz rundet sie ihre Ausbildung als Restaurantmeisterin und Sommelière auch theoretisch ab. Auf der Hotelfachschule, wo unzählige Gastroehen gestiftet werden, lernt die aufstrebende Gastronomin ihren späteren Ehemann kennen. Seither gingen die Odenwälderin und Küchenmeister Jochen Katzmaier als Paar auf die branchenüblichen Wanderjahre durch renommierte Häuser. Ihre letzte Station war das Osnabrücker Restaurant „La Vie" des Dreisternekochs Thomas Bühner.

Jetzt also Güttersbach, ein Dorf mit 460 Einwohnern, das genau dort liegt, wo der Odenwald besonders idyllisch ist. Hier beginnen die beiden, dem Haus Schönblick ihren Stempel aufzudrücken. Jede Generation der Familie hat etwas gebaut. Den Anfang machten die Urgroßeltern und Großeltern 1950 mit ein paar Fremdenzimmern auf ihrem Bauernhof. Schnell hatte das Haus Stammgäste, die mehrmals im Jahr Urlaub machten. Das Gebäude wurde

Vom Bauernhof mit Fremdenzimmern zum Landhotel mit Restaurant.

◀ Schon immer wollte Sabrina Katzmaier den elterlichen Betrieb übernehmen.

Romantische Liegemöglichkeiten im Sommer.

um Hotelzimmer und Tagungsräume erweitert. Sabrina Katzmaier und ihr Mann gaben 2009 als vierte Generation ihren Einstand mit der Modernisierung des Restaurants und der Erweiterung auf 36 Zimmer und Apartments, die modern und komfortabel ausgestattet sind. Obwohl das Haus ständig größer und schöner wird, herrscht unter den 15 Mitarbeitern und ihren Chefs noch immer eine großfamiliäre Atmosphäre. In einem solchen Team muss die Chemie stimmen. „Alle müssen mitziehen, da greift ein Rädchen ins nächste“, findet Sabrina Katzmaier.

Das Haus Schönblick ist alles andere als eine „staubige Kochkäs'-Wirtschaft“. Da wird die sonst wohltemperierte Sabrina Katzmaier fast vehement. Dennoch gibt es im Biergarten auch diese Odenwälder Spezialität, wie auch andere Deftigkeiten der lokalen Küche, die Städter auf einer Landpartie erwarten. Doch darauf lässt sich das Team keinesfalls reduzieren. Der neue Schönblick beginnt beim Ambiente: Die Chefin setzt auf Tafelkultur. Stoffservietten, blank poliertes Besteck und schöne Gläser sind so selbstverständlich wie das hausgebackene (Kartoffel-)Brot, das Schmalz und der Gruß aus der Küche. Wild oder Gemüse, Fisch oder Fleisch – alles, was die Natur vor der Haustür liefert, wird jahreszeitlich passend zu kulinarischen Gaumenfreuden verarbeitet. Ein Klassiker ist das Duett vom Odenwälder Rind auf Spitzkohl und Schupfnudeln, aber auch Odenwälder Schnecken unter der Kräuterkruste mit Perlgraupen sind beliebt. Die Wanderjahre bei den Besten ihrer Zunft machen sich auch bei der Weinkarte mit ihren gut 100 Positionen bemerkbar, Sabrina Katzmaiers Domäne. „Man muss Selbstbewusstsein zeigen“, appelliert die junge Gastronomin an Kollegen, die meinen, sie müssten die gesamte weite Weinwelt abbilden. Besonders am Herzen liegen der Sommelière die Weine von der Hessischen Bergstraße, der Region „quasi vor unserer Haustür“. Sie bringt süffige Kreszenzen hervor. Da deutsche Weine nach ihrer Ansicht „fast alle Geschmäcker abdecken“, hat Sabrina Katzmaier „lediglich zur Abrundung“ auch einige italienische, spanische und französische Weine im Keller liegen. Das Engagement blieb nicht unbemerkt. Die Zeitschrift „Der Fein-

Am Naturbadeteich lassen Gäste die Seele baumeln.

Bürgerliche und kreative Küche fügen sich im Schönblick zum harmonischen Ganzen.

schmecker" zeichnete Küche und Service mit einem der begehrten „F"-Symbole aus.

Sabrinas Vorname ist keineswegs typisch, sondern ziemlich einmalig im Odenwald. Bei der Namensfindung ließ sich ihre Mutter von der TV-Serie „Drei Engel für Charlie" inspirieren. Sabrina repräsentiert die vierte Generation der im Haus Schönblick aktiven Frauen in Person von Mutter Christel, Oma Irmgard und der jüngeren Schwester Stephanie Weihrauch. Trotz Oma und Uroma wird Sohn Lucas aber nie so viele „Omas" und „Opas" haben wie seine Mutter Sabrina in ihrer Jugend. Damals weilten die Gäste noch mehrere Wochen zur Sommerfrische im Odenwald und nahmen die hübsche Tochter ihrer Gastgeber gern mit auf Ausflüge. Heute sind es Kurzurlauber aus dem Rhein-Main-Gebiet, Rad- oder Motorradfahrer und Wanderer, welche die himmlische Ruhe, den schönen Wellnessbereich mit Sauna und Naturbadeteich schätzen. Im Sommer sitzen die Gäste im einladenden Biergarten, in der kalten Jahreszeit im lichten Wintergarten, und können sich beim Blick nach draußen davon überzeugen, dass das Haus seinen Namen zu Recht trägt.

Ausflugstipps

Der Odenwald hat seinen Besuchern einiges zu bieten. Hübsche Städtchen, tiefe Wälder, liebliche Täler und den malerischsten Stausee Hessens. Man kann den *Marbach-Stausee* bei Mossautal/ Beerfelden umwandern, aber auch „nur" in ihm baden.

Ihre Berühmtheit verdankt *Burg Frankenstein* dem Gruselroman „Frankenstein oder der moderne Prometheus" der britischen Schriftstellerin Mary Shelley. Kein Wunder, denn um das 750 Jahre alte Gemäuer der Familie von Frankenstein ranken sich Sagen, Märchen und Gespenstergeschichten. Obwohl noch heute Scharen von Touristen nach Gespenstern suchen, entspringt „Frankensteins Monster" allein der Fantasie der englischen Schriftstellerin. Angestoßen von den in der Region stationierten US-Soldaten, finden seit den 1970er Jahren Halloween-Feste auf der Burg statt. *www.burg-frankenstein.de*

Adresse
Apfelwein Föhl
Marktplatz 1
63263 Neu-Isenburg
Telefon 06102/396 69
E-Mail info@apfelwein-foehl.de
www.apfelwein-foehl.de

Öffnungszeiten
Mo–Sa 17–24 Uhr
So und Feiertage 12–24 Uhr

23

Frischeküche statt Fritteuse

Ulrike „Ulli“ Wipfler, Köchin und Gastgeberin im Apfelwein Föhl

Die Ära der über 100 Gerichte langen Speisekarte ging im Traditionslokal Apfelwein Föhl anno 1996 zu Ende. Damals verjüngten Ulrike Wipfler und ihr Partner Uwe Vollmershausen das Lokal. Es begann eine Erfolgsgeschichte, an der „Ulli“ maßgeblichen Anteil hat. Sie verbannte die Fritteuse und stellte auf frische Regionalküche um und modernisierte das Ambiente.

34 Jahre lang hatten ihre Vorgänger das Haus am Marktplatz geführt. Gegenüber „den Neuen“ aus Frankfurt fremdelten die Stammgäste und blieben weg. Drei Jahre dauerte die Durststrecke, dann hatten es die Frankfurter in Neu-Isenburg geschafft.

Ulli, mit ihrer Hand für Design, machte ganze Arbeit: Der alte Föhl wurde aufgefrischt, verjüngt und verschönt. Der düstere braune Kneipenlook wich unter ihrer Regie freundlicheren Farben, hübschen Accessoires und frischen Blumen. Jahr für Jahr wird etwas anderes verschönert. Mal das Dach, mal eine neue Küche, die Holzdielen oder die gelben Kneipenfenster, die gegen Normalglas ausgetauscht wurden. Inzwischen passt das Ambiente längst zur Frischeküche, die Ulli eingeführt hat.

Die gebürtige Frankfurterin hat sich im Bistro Lobster an der Frankfurter Wallstraße (Wallstreet genannt) einen guten Namen gemacht. „Ich habe das Lobster gelebt“, meint sie im Rückblick. „Aus der Not heraus“ hat Ulli dort das Profikochen erlernt. Da sie im Lobster ständig mit Köchen zu tun hatte, die sich oft wie Primadonnen aufführten, setzte sie auf „Selbst ist die Frau“. Mit diesem Rüstzeug fühlte sie sich fit für die Küchenleitung im Föhl.

Im romantischen Hof sitzen die Gäste zwischen Blumenkübeln und rankenden Pflanzen.

◀ „Föhl dich wohl“ – dank Ulli Wipfler kein leeres Versprechen.

Die langen Stunden in der Gastronomie haben Ulli nie geschreckt. „Das ist in der Werbung ähnlich", weiß die studierte Diplom-Designerin, die einst Art Director in einer großen Werbeagentur werden wollte, dabei aber feststellte, dass ihr die notwendige Ernsthaftigkeit fehlte, um stunden- und tagelang an kaum merklichen Unterschieden einer Farbnuance zu werkeln und das auch noch wichtig zu finden. Da war ihr der anfängliche Nebenjob im Lobster lieber und realer, zumal sie dort mit Gästen zu tun hatte, denen sie eine schöne Zeit bereiten konnte. Inzwischen macht sie über 30 Jahre Gastronomie, war immer selbständig und will weder die freie Zeiteinteilung missen, noch die Stunden, die sie mit ihren beiden Labradoren im Freien verbringen kann, oder die Reisen nach Südafrika und Asien.

Gemütlichkeit ist Trumpf am Neu-Isenburger Marktplatz.

Ihre Speisekarte feiert die Vermählung zwischen deutscher und Frankfurter Küche: frisch, gut, abwechslungsreich. Lediglich Sauerkraut kommt aus der Dose und wird zum köstlichen Sauerkrautauflauf mit Hackfleisch zusammengestellt. Die Wochenkarte geht auf die Saison ein, es gibt Pilze, Spargel, Wild, Gänsebraten (im Winter) und vieles mehr. Alles zu volkstümlichen Preisen. Bei den Klassikern steht ganzjährig „Gekochtes Rippchen mit Kraut und Püree" an der Spitze der Beliebtheitsskala, dicht gefolgt von Tafelspitz oder gekochten Eiern mit Frankfurter Grüner Sauce. Die „Grie Soß'" wird jeden Tag frisch mit großen Wiegemessern gehackt und „auf keinen Fall" im Mixer kleingemacht. „Den Unterschied schmeckt man", findet Ulli.

Zu Beginn hat sie sich regionale Lieferanten gesucht. Was heute üblich ist, war vor bald 20 Jahren noch neu. Das Schweine- und Kalbfleisch bezieht sie zum Teil vom Bio-Hof Schauferts im Hintertaunus, der auch mal eine Milchkalbsleber liefert, die in Johannisbeersauce auf den Teller kommt. Oder als „Das Beste vom Kalb" mit Zunge, Bries und Lendenstück in Rieslingsauce. Gerichte, an die sich ein traditioneller „Apfelweinwirt" eher selten herantraut, die im Föhl aber mit sicherer Hand gezaubert werden. Beliebt sind auch die vegetarischen Gerichte. Das kommt nicht von ungefähr, denn Wirtin Uli isst selbst kaum Fleisch.

Aus dem Bembel schmeckt das „Stöffche“ am besten, die blau-grauen Krüge gibt es in allen Größen.

Ihr 18-köpfiges Team arbeitet schon lange zusammen. „Das Geheimnis sind gute Mitarbeiter“, weiß die patente Ulli. „Wir sind zu einer Familie zusammengewachsen“, sagt die sympathische Gastgeberin. „Der Föhl ist unser gemeinsames Baby, so was Tolles finden wir nie wieder.“

Ihre Küche hat Ulli inzwischen zwei Köchen aus dem indischen Punjab anvertraut. Sie kochen nach ihren Vorgaben und Anweisungen: Präzise, zuverlässig, konstant. „Die wollen keine Sterne erkochen oder sich profilieren, sie wollen einfach einen guten Job und ansonsten ihre Ruhe haben“, lobt Ulli ihre langjährigen Helfer. Dass diese die Karte durchaus mal mit einem heißen Curry ihrer Heimatküche bereichern, kommt bei Stammgästen bestens an.

„Es war so gut wie immer“, ist Ulli das höchste Lob, denn es untermauert die Kontinuität und hohe Qualität, für die der Föhl landauf landab geschätzt wird. „Bratkartoffeln können wir nicht neu erfinden, wir können uns aber bemühen, sie täglich perfekt auf den Tisch zu bringen“, so Ullis Credo. Über die Lieblingsgerichte ihrer Stammkunden führt „Die Chefin“ eine Kartei. Es ist Kundenbindung erster Güte, wenn sie montags anruft, um den Gästen zu sagen, dass ihr Lieblingsgericht – geschmorter Ochsenschwanz, Roulade, Ochsenbäckchen, Arme Ritter, Grießflammeri, Haschee mit Spirelli – mal wieder auf der Wochenkarte steht. „Klar, dass die dann auch kommen“, lacht Ulli.

Bei aller Traditionsliebe ist das Föhl-Team nicht dogmatisch. Zwei verschiedene Fassbiere fließen aus dem Zapfhahn und das „Stöffche“ heißt Geiselbacher Gold und wird im Kahlgrund gekeltert, bevor es in „Bembel“ und „Gerippte“ fließt.

Da Ulli immer mal was Neues braucht, am liebsten „was zum Bauen“, ist ihr aktuelles Projekt der Imbisswagen „Föhl to go“. Dessen jeweiliger Standort in Gewerbegebieten und Bürovierteln wird per Facebook mitgeteilt. „Eine Art Pop-up-Föhl“, freut sie sich.

Ausflugstipp

Der Föhl liegt nur zehn Autominuten von der Frankfurter City entfernt und ist von dort aus bequem mit dem Rad oder per pedes durch den Stadtwald zu erreichen. Der Weg durch das größte innerstädtische Waldgebiet Deutschlands führt vorbei an Seen, Tümpeln und *Goetheturm* (siehe Seite 57).

Qualität und Herzlichkeit haben den Föhl zu einem der Lieblinge der Region gemacht.

Apfel-Meerrettich-Cremesüppchen

Für 4–6 Portionen
1 Gemüsezwiebel, geschält | 2 EL Butter | 1 Bund Suppengemüse, geschält, geputzt und gewürfelt | 1 l Gemüsebrühe | 4 rohe Kartoffeln, geschält | ½ Meerrettichwurzel | 1 großer Apfel, geschält und entkernt | Salz und weißer Pfeffer, frisch gemahlen | Muskatnuss, frisch gerieben | 120 ml Sahne/Rahm | 4–6 getrocknete Apfelscheiben und Holzspieße zum Garnieren

■ Zwiebel klein schneiden und in der Butter anschwitzen. Die Gemüsewürfel hinzufügen und mitdünsten. Mit der Gemüsebrühe ablöschen. Kartoffeln würfeln, in die Brühe geben und alles ca. 20 Minuten kochen.
■ Den Meerrettich schälen und reiben, den Apfel klein schneiden und beides zur Suppe geben. Zehn Minuten mitkochen, mit Salz und Pfeffer würzen. Die Suppe fein pürieren, mit Muskat und Sahne abschmecken. Durch ein feines Sieb passieren, nochmals kurz aufmixen und in Suppentassen schöpfen. Je eine getrocknete Apfelscheibe auf einen Holzspieß stecken, über die Tasse legen und das Süppchen heiß servieren.

Gebackene Blutwurst mit Apfel-Ingwer-Kompott und Kartoffelpuffer

Für 6 Portionen

Kompott 60 g Zucker | 100 ml Wasser | 30 g frischer Ingwer, geschält und klein gewürfelt | 200 ml trockener Weißwein | ½ Zitrone, Saft | Salz | 1 ½ kg Äpfel (Boskoop) | 1 Prise Zimtpulver | ½ TL Vanillemark | 1 TL Speisestärke, mit etwas kaltem Wasser glattgerührt

Kartoffelpuffer 600 g rohe Kartoffeln, mehlig kochend | 600 g Zwiebeln | 1 Ei | Salz | weißer Pfeffer, frisch gemahlen | Muskatnuss, frisch gerieben | Öl zum Braten

1–1½ Ringe Blutwurst | Mehl zum Wenden | Öl zum Braten

■ Zucker im Topf hellbraun karamellisieren, vorsichtig mit Wasser ablöschen (Achtung: das kann spritzen!). Ingwerwürfel, Weißwein und Zitronensaft dazugeben und mit einer Prise Salz abschmecken. Köcheln, bis sich der Karamell aufgelöst hat.

■ Äpfel schälen, entkernen und in Stücke schneiden. Mit dem Zimt mischen, in den Sirup geben und bei kleiner Hitze knapp gar köcheln. Vanille unterrühren und mit der aufgelösten Speisestärken das Kompott binden.

■ Für die Kartoffelpuffer die Kartoffeln und Zwiebeln schälen, reiben und in einem Spitzsieb ausdrücken. In einer Schüssel mit dem Ei vermischen, mit Salz, Pfeffer und Muskatnuss würzen. Kleine Plätzchen formen, in der Pfanne bei mittlerer Hitze von beiden Seiten im heißen Öl goldbraune Puffer ausbacken. Auf Küchenpapier abtropfen lassen und warm stellen.

■ Die Blutwurst in zentimeterdicke Stücke schneiden, in Mehl wenden und in der Pfanne in etwas Öl von beiden Seiten anbraten.

■ Zum Servieren das Apfelkompott mittig auf den Tellern anrichten. Abwechselnd Blutwurstscheiben und Kartoffelpuffer darum herumlegen und servieren.

24

Darum ist es bei Breuers so schön …

Susanne Breuer in ihrem Rüdesheimer Schloss in der Riesling-Region Rheingau

Adresse
Breuer's Rüdesheimer Schloss
Steingasse 10/Drosselgasse
65385 Rüdesheim am Rhein
Telefon 06722/90500
Fax 06722/905050
E-Mail info@ruedesheimer-schloss.com
www.ruedesheimer-schloss.com

Öffnungszeiten
Restaurant täglich vom 14. Februar bis 22. Dezember (im Februar, März und November wechselnde Ruhetage)
Hotel vom 1. Februar bis zum 22. Dezember

Mitten in der historischen Rüdesheimer-Altstadt an der berühmten Drosselgasse liegt Breuer's Rüdesheimer Schloss. Restaurant und Hotel sind geprägt von Wein, Kunst und Design – und von ihrer Wirtin Susanne Breuer. Sie führt das traditionsreiche Haus mit Ideen, Energie und Lebensfreude.

Vor 200 Jahren schwärmten Achim von Arnim und Clemens von Brentano vom Rhein und seiner Landschaft. Heute ist Rüdesheim im Ausland bekannter als Heidelberg und hat drei Millionen Besucher im Jahr. Doch das Bild von Jubel, Trubel, Heiterkeit hat sich dezent gewandelt. Inzwischen entdecken immer mehr Wanderer, Kulturinteressierte und Kurzurlauber eine der schönsten Weinregionen, den romantischen Mittelrhein und den Rheingau. Die Gäste, ob international oder aus der Umgebung, als Reisegruppe im Bus oder auf Flusskreuzfahrtschiffen, erfreuen sich an deutscher Gemütlichkeit, die sie in der Altstadt und der berühmten „Drosselgasse“ finden. Diese ist exakt 144,50 Meter lang, kaum zwei Meter breit und gesäumt von Weinlokalen und Gaststätten. Mitten drin das Weinhotel und Weingasthaus Breuer's Rüdesheimer Schloss.

Das Rüdesheimer Schloss: Zentrum der Rheinromantik.

Das mit viel Geschmack ausgestattete Hotel der Familie Breuer liegt zwar mitten im Geschehen, doch Gäste hören vom Trubel der legendären Touristenmeile kaum etwas. „Unser Ambiente spiegelt die Atmosphäre traditioneller Rheingauer Gutshöfe wieder“, sagt Susanne Breuer. Alles ist geschmackvoll, bodenständig, gepflegt, aber nicht überkandidelt oder auf Effekt gestylt. Doch das Schloss ist mehr: Im kurfürstlichen Amtshaus von 1729 und dem benachbarten Sickinger Hof warten großzügige Zimmer, jedes anders

◀ Maresa und Susanne Breuer – zwei Wirtinnen-Generationen, eine Aufgabe.

Weinproben und Veranstaltungen finden im historischen Gewölbekeller statt.

Kritische Situationen gibt es durchaus auch im Leben der tatkräftigen Susanne Breuer. Sie atmet sie weg: „Ich zähle langsam auf Drei, atme tief durch – schon sieht die Welt anders aus.“ Feierabend? Sie lebt das Schloss, freut sich täglich auf die Arbeit und zählt nicht die Stunden. Allein die Sonntagabende sind für die Familie reserviert. Dann wird gemeinsam gekocht, gelacht und Tatort geschaut. An freien Tagen trifft man die Gastronomin beim Wandern und Fotografieren, eigene Aufnahmen zieren die Hotelwände. Im Sommer genehmigt sie sich eine kurze Auszeit auf Mallorca oder beim Wandern im Allgäu. In den Betriebsferien Anfang Januar bricht sie mit ihrem Mann zu neuen Ufern auf, von Südtirol bis Vietnam, mal Rucksackreise, mal Kreuzfahrt.

Tochter Maresa Breuer wird in dritter Generation die Gastlichkeit weiter pflegen. Sie hat Hotelmanagement studiert und den Breuers ihr erstes Enkelkind beschert. Sohn Matthias ist Geograph und setzt als Hobbywinzer mit eigenem Weinberg eine weitere Tradition der Familie Breuer fort.

Noch heute erklingen vom Glockenspiel im Schlossturm vier Lieder. Ertönt „Ich weiß nicht, was soll es bedeuten“, ist dies für Susanne Breuer immer wieder ein Anlass, kurz innezuhalten. Die Frau, die in eine Winzer- und Gastronomenfamilie einheiratete, brachte ihre ureigene Mitgift mit: Tatkraft, Energie, Ideenreichtum und Humor. Sie weiß sie gut zu nutzen.

Ausflugstipp

Die Pfarr- und Wallfahrtskirche St.Hildegard wurde Anfang des 20. Jahrhunderts auf den Überresten des ehemaligen *Klosters der Hildegard von Bingen* errichtet. Seit 1641 wird hier eine Reliquie der Heiligen Hildegard aufbewahrt. Noch heute leben und arbeiten Benediktiner-Schwestern der Abtei St. Hildegard in Eibingen über Rüdesheim am Rhein. Sie betreiben Weingut, Goldschmiede, eine Keramikwerkstatt, verkaufen Dinkelprodukte, Sinnvolles und (Be-)Sinnliches im Klosterladen. *www.abtei-st-hildegard.de*

Handkäs' mit Rheingauer Musik

2 rote Äpfel | 2 Zwiebeln, geschält | 3 Laibchen Handkäse | 100 g Haselnusskerne | 100 g Rosinen | 2 EL Rieslingessig | 5 EL Salatöl | 3 EL Apfelsaft | Salz und weißer Pfeffer, frisch gemahlen | 1 Prise Zucker

■ Äpfel entkernen, mit der Schale in zentimetergroße Würfel schneiden. Zwiebeln ebenfalls würfeln. Handkäse in Scheiben oder Stücke schneiden. Haselnüsse grob hacken. Mit den Rosinen, Äpfeln, Zwiebeln und dem Käse in eine Schüssel geben.
■ Aus Essig, Öl, Apfelsaft und Gewürzen eine Marinade anrühren, mit den restlichen Zutaten vermischen und einige Zeit ziehen lassen. Hin und wieder vorsichtig mischen.
■ Der so marinierte Käse lässt sich zugedeckt im Kühlschrank mindestens drei bis vier Tage aufbewahren.

Riesling-Käse-Suppe

Für 6 Portionen
50 g Zwiebel, geschält und gewürfelt | 50 g Butter | 100 ml kräftige Gemüse- oder Fleischbrühe | 400 ml Sahne/Rahm | je 100 g Gorgonzola, Roquefort und Chaumes, entrindet und gewürfelt | 200 ml Riesling | Salz und weißer Pfeffer nach Geschmack
100 g Blattspinat (TK-Ware, aufgetaut) | 1 EL Olivenöl | ½ Knoblauchzehe, fein gewürfelt | Salz und weißer Pfeffer, frisch gemahlen

■ Zwiebelwürfel mit der Butter in einem Topf glasig dünsten. Brühe und Sahne hinzugießen, aufkochen, dann den Käse unter ständigem Rühren dazugeben und schmelzen. Aufkochen und mit einem Mixstab pürieren. Vor dem Anrichten den Riesling dazugießen, nochmals kurz aufkochen. Mit Salz und Pfeffer abschmecken.
■ Den Spinat in einer Pfanne mit Olivenöl, Knoblauch, Salz und Pfeffer etwas dünsten.
■ Zum Servieren den Spinat auf die vorbereiteten Suppentassen verteilen, mit der heißen Käsesuppe aufgießen.

TIPP
Für die Suppe eignen sich auch andere Weichkäsesorten, aber Blauschimmel in Verbindung mit Riesling ist besonders schmackhaft.

Hildegard-Ente

Für 2 Portionen
1 Ente à 2 kg | Salz und schwarzer Pfeffer, frisch gemahlen | 1 EL Honig | 1 TL Ingwer, frisch gerieben oder Pulver | 100 g Datteln, frisch oder getrocknet, entsteint | 100 g Feigen, frisch oder getrocknet | 500 g Geflügelkarkassen | 4 EL Öl zum Braten | 1 Karotte, geschält | ½ Stängel Sellerie | 2 Zwiebeln, geschält | 1 Lauchstange | 4 EL Tomatenmark | ¼ l Rotwein | 1 Lorbeerblatt | 10 Wacholderbeeren | 1 Thymianzweig | ½ l Geflügelbrühe

■ Ente waschen und – sofern noch vorhanden – von Hals, Flügelspitzen und Innereien befreien und beiseite legen. Die Ente innen mit Salz und Pfeffer würzen, mit den Früchten füllen. Außen mit Honig einreiben und mit Ingwer, Salz und Pfeffer würzen.
■ Den Backofen auf 180 °C vorheizen.
■ Das Gemüse grob würfeln. In einem Bräter die Knochen und beiseite gelegte Abschnitte in Öl anbraten. Alles Gemüse bis auf den Lauch zugeben und mitrösten. Tomatenmark unterrühren und Farbe nehmen lassen. Mit Rotwein mehrmals ablöschen und einreduzieren lassen. Dann den Lauch, Lorbeer, Wacholder und Thymian zugeben, mit Geflügelbrühe auffüllen.
■ Die gewürzte Ente auf dem gerösteten Gemüse 90 Minuten im heißen Backofen braten. Die Garzeit kann je nach Ofen variieren; die Ente ist gar, wenn man mit einem spitzen Messer in die dicke Keule sticht und klarer Bratensaft ohne Blut herausläuft. Während dem Braten die Ente hin und wieder mit Bratensaft übergießen.
■ Wenn sie gar ist, die Ente aus dem Bräter nehmen, mit Folie abdecken und ruhen lassen.
■ Die Sauce durch ein feines Sieb passieren. Nach Belieben noch etwas einkochen lassen und abschmecken.
■ Die gegarte Ente vor dem Servieren unter dem Grill schön kross werden lassen. Im Ganzen servieren und am Tisch zerteilen. Die Fleischstücke und Füllung auf Tellern anrichten, die Sauce in einer Sauciere dazureichen.
■ Zur Ente passen Salat und ein rustikales Weißbrot.

Adresse
Weinhaus Schaab Louis
Ludwigstraße 23
65428 Rüsselsheim
Telefon 06142/13248
Fax 03212/1071141
E-Mail schaab-louis@t-online.de
www.schaab-louis.de

Öffnungszeiten
Di–Fr 11–14 Uhr
Mo–Sa 17–24 Uhr
So und feiertags Ruhetage

25

Es gibt auch Bier im Weinhaus

Ilka Hummel-Schneider im Rüsselsheimer Weinhaus Schaab Louis

Die Traditions-Adresse ist so bodenständig wie ihre Wirtin: ein bisschen Apfelweinkneipe, Vereinslokal, aber vor allem Wein-Restaurant mit gutbürgerlicher Frischeküche. Seele des Lokals ist Ilka Hummel-Schneider, die ihre Gäste umsorgt und verwöhnt.

Der Name Hummel steht in Rüsselsheim für Genuss. Ilka Schneider, geborene Hummel, entstammt einer alteingesessenen Bäcker- und Konditorenfamilie. Im Geschäftshaushalt der Eltern und im Café wuchs sie mit Kundenkontakt auf. So ging es ihr von klein auf in Fleisch und Blut über, den Tagesgruß zu entbieten, und auch außerhalb der Öffnungszeiten mal ein Brot zu verkaufen. Dienstleistungsbereitschaft nennt man heute, was Ilka Hummel-Schneider von Jugend an praktiziert hat. Ganz so, wie es ihr die Eltern vorlebten.

Seit bald 30 Jahren haben sich Ilka Schneider und Ehemann Udo mit Lust und Hingabe der Gastronomie verschrieben. Die Absolventin der Speiser Hotelfachschule in Tegernsee schloss ihre Prüfung als Fachverkäuferin als Zweitbeste ab und setzte mit Eröffnung ihres „Café Hummel" am Löwenplatz die Familientradition fort. Ehemann Udo, den sie bereits seit der Schule kennt, arbeitete derweil als Koch bei bekannten Lehrmeistern und entwickelte seine Begeisterung für frische, regionale und unverfälschte Produkte. 1995 erweckten sie das Weinhaus Schaab-Louis zu neuem Leben und „haben es noch keinen Tag bereut". Es ist ein beliebter Versammlungsort für die örtlichen Stammtische. Das lokale Publikum ist in der Überzahl „die hegen und pflegen wir", sagt Hummel-Schneider. Außerdem sind sie „unsere Nachbarn, Schulfreunde, Vereinskameraden,

Wirtshaustradition seit 1899.

◀ Ilka Hummel-Schneider lebt herzliche Gastfreundschaft.

mit denen wir aufgewachsen sind und die wir seit Ewigkeiten kennen". Das sei das Schöne, wenn man in einer Stadt so verwurzelt ist und alle kennt, freut sich Hummel-Schneider.

Ilka Hummel-Schneider hat das rustikale Ambiente mit einem Pfeifenschrank aus der Sammlung ihres Vaters, mit einem originellen Spiegelzimmer oder mit Wappen, die von der Stadthistorie und dem Opel-Standort Rüsselsheim künden, aufgefrischt. Im historischen Weingewölbe wird oft und kräftig gefeiert. Es ist Schauplatz für die Menü- und Wein-Abende, denn „Weine sind unsere Leidenschaft", sagt die Gastronomin. Ihr Mann wurde bei Sternekoch Assmann in Bad Homburg zum Weinfreak und hat seine Frau angesteckt. Für beide ist eine gut sortierte Weinkarte Ehrensache. Vor allem vier Weinregionen haben sich die Schneiders verschrieben: Rheinhessen, Pfalz, Rheingau und Baden. „Wir kaufen direkt beim Winzer ein", erzählt Ilka Hummel-Schneider. Doch auch Biertrinker müssen keineswegs darben. „Ohne frisches Bier vom Fass ginge es gar nicht", sagt die Wirtin. Damit das auch jedem klar ist, kündet eine Brauereifahne schon von außen an, dass hier auch gut gezapft wird.

Wechselnde Gerichte stehen auf dem Schwarzen Brett, als Ergänzung zur Standardkarte mit ihren deftigen und gutbürgerlichen Gerichten, darunter Spanferkelsülze vom Schwäbisch-Hällischen Schwein oder Tatar vom Angus Weiderind. Nachhaltigkeit der Lebensmittel und frische Zubereitung sind wichtig: „Erdbeeren an Weihnachten machen wir nicht mit." Dass Kochen im Weinhaus Schaab-Louis Handarbeit ist, davon dürfen sich die Gäste gern mit einem Blick in die Küche überzeugen. Selbstverständlich sind die Schneiders mit einem Stand beim alljährlichen Freiluftfestival „Culinarium" dabei, dem kulinarischen Spektakel am Fluss. Und da Rüsselsheim mitten im Gerauer Spargelland liegt, sind sie und ihr Betrieb natürlich auch bei den „Spargeltagen" mit von der Partie.

Eine Pfeifensammlung und andere originelle Memorabilien erinnern an die gute alte Zeit in Rüsselsheim.

Die Kinder Lisa und Lucas haben sich zwar gegen die Gastronomie entschieden, übernehmen jedoch die Urlaubsvertretung ihrer Eltern. So kommen „wir Alten" auch mal raus, lacht Hummel-Schneider. Seit sie die Reiterei aufgegeben hat, ist Sky, der Australian Shepherd, ihr Hobby. Nachmittags anderthalb Stunden Gassi gehen – das macht den Kopf frei und „muss sein". Im Frühjahr und im Herbst lassen sich die Schneiders auf Fahrradtouren an der Nordsee durchpusten. Als Weinliebhaber zieht es sie auch nach Italien. Dort lassen sie sich dann treiben und verführen, wohnen im Agritourismo und genießen Essen und Wein. „Was habt ihr mitgebracht", fragen dann die Stammgäste und lassen sich gern den neu entdeckten Wein empfehlen, den die Wirtin mit einer kleinen Geschichte zu verbrämen weiß. So holt Ilka Hummel-Schneider ihren Gästen die (Wein-)Welt ins Rüsselsheimer Weinhaus.

Im Sommer wandelt sich das Weinhaus zum Freiluftlokal mit wunderschönem Garten.

Ausflugstipp

Direkt am Rüsselsheimer Mainufer liegen die beiden durch einen modernen Trakt verbundenen *Opelvillen*, einst Wohnsitz der Familie Fritz von Opel. Heute beherbergen sie ein Kunst- und Ausstellungshaus von bestem Ruf. Von hier aus kann man bequem am Mainufer entlang promenieren. *www.opelvillen.de*

Direkt daneben liegt die *Festung Rüsselsheim*. In der ehemaligen Wehranlage aus dem 14. Jahrhundert ist heute das Stadt- und Industriemuseum. *www.ruesselsheimer-festung.de*

Spargel mit Ziegenquark-Dip

Spargel 250 g grüner Spargel | frische Kräuter, z. B. Petersilie, Schnittlauch, Kerbel und ein paar Rosmarinnadeln | 2 EL Chili-Honig-Sauce (z. B. aus dem Asia Laden) | 1 EL weißer Balsamico | 3 EL Raps- oder Traubenkernöl | Meersalz und schwarzer Pfeffer, frisch gemahlen

Dip 25 g frischer Bärlauch | 100 g Ziegenmilchquark | 100 g Naturjoghurt | 100 g Crème fraîche | 1 Schuss milder weißer Balsamico oder Zitronensaft | Meersalz und schwarzer Pfeffer, frisch gemahlen

frische Kräuter und Kirschtomaten zum Garnieren

■ Den Spargel im unteren Drittel schälen, trockene Enden entfernen. Die Stangen diagonal in feine Scheiben schneiden und in eine Schüssel geben. Kräuter grob schneiden, mit Chili-Honig-Sauce, Balsamico und Öl dazugeben und untermischen. Mit Meersalz und frisch gemahlenem Pfeffer würzen und den Spargel ein paar Stunden marinieren. Dabei hin und wieder umrühren.

■ Bärlauch fein hacken, mit Quark, Joghurt und Crème fraîche verrühren. Den Dip mit Balsamico, Salz und Pfeffer abschmecken, kühl stellen und etwa eine Stunde durchziehen lassen.

■ Zum Servieren den marinierten Spargel auf Tellern anrichten, daneben den Dip geben, nach Belieben mit Kräutern und Kirschtomaten garnieren. Frisches Weißbrot oder Baguette dazu reichen.

TIPP

Der Bärlauch-Ziegenquark-Dip eignet sich auch zu rohen Gemüsestiften, Pellkartoffeln oder als Brotaufstrich.

Odenwald-Frikadellen auf Gemüse

Für 6–8 Portionen

Frikadellen 80 g Weißbrot (vom Vortag) | 300 g Zwiebeln, geschält | 1 Bund glattblättrige Petersilie, Blättchen abgezupft | 2 EL Öl | 1 kg Kalbshackfleisch | 3 Eier | 2 TL Dijonsenf | 1 TL Paprikapulver, edelsüß | 2 TL Majoran, gerebelt | Cayennepfeffer | Meersalz und schwarzer Pfeffer, frisch gemahlen | 4 EL Öl zum Braten

Gemüse 2 rote Gemüsepaprikas | 200 g Zwiebeln, geschält | 1 Knoblauchzehe, geschält | 1 kg Kartoffeln | 1 Kohlrabi | 1 kleiner Zucchino | 5 EL Öl | 3 Thymianzweige | 2 Lorbeerblätter | 50 ml Weißwein | 300 ml Kalbsfond | Meersalz und weißer Pfeffer, frisch gemahlen

■ Brot würfeln und in lauwarmem Wasser einweichen. Zwiebeln fein würfeln, Petersilienblätter fein hacken. Zwiebeln in Öl glasig anschwitzen, Petersilie dazugeben, kurz mitgaren und abkühlen lassen. Eingeweichtes Brot gut ausdrücken.

■ Frikadellenzutaten in einer Schüssel gut vermengen. Aus der Masse 14 Frikadellen formen, zugedeckt kalt stellen.

■ Für das Gemüse die Paprikas schälen, vierteln, entkernen, die Viertel quer halbieren. Zwiebeln in Ringe, Knoblauch in Scheiben schneiden. Kartoffeln und Kohlrabi schälen, in ½ cm dicke Scheiben schneiden, den Zucchino ebenfalls in Scheiben schneiden.

■ Öl in einem großen Bräter erhitzen, Gemüse, Kartoffeln, Zwiebeln und Knoblauch darin ohne Farbe anbraten. Thymian und Lorbeer zugeben und kurz mitbraten. Mit Weißwein und Kalbsfond ablöschen, mit Meersalz und Pfeffer würzen.

■ Den Backofen auf 180 °C vorheizen. Öl in einer beschichteten Pfanne erhitzen. Die Frikadellen darin von beiden Seiten heiß anbraten, dann auf das Gemüse im Bräter geben und alles im vorgeheizten Ofen auf der untersten Schiene ca. 30 Minuten garen.

TIPP

Ein Joghurt-Dip, mit einem Hauch Kreuzkümmel abgeschmeckt, rundet das Gericht raffiniert ab.

Schoko-Crème brûlée mit Gewürzorangen

Crème brûlée 150 g dunkle Kuvertüre (ca. 70 % Kakaoanteil) | 250 ml Milch | 250 ml Sahne/Rahm | 100 g Zucker | 1½ EL Rum | 6 Eigelbe | brauner Zucker zum Karamellisieren

Gewürzorangen 3 unbehandelte Bio-Orangen | 75 ml Grenadine | 50 g Zucker | 300 ml Orangensaft, frisch gepresst | 1 Zimtstange | 2 Sternanis | 3 Kardamomkapseln | 1 Nelke | 2 Thymianzweige | 1 Vanillestange, ausgekratztes Mark | 1 TL Speisestärke

■ Kuvertüre in kleine Stücke brechen und in eine Edelstahlschüssel geben. Milch, Sahne und Zucker in einem Topf aufkochen und vom Herd ziehen. Über die Schokolade gießen und rühren, bis sie geschmolzen ist, Rum dazugeben.

■ Den Backofen auf 110 °C vorheizen.

■ Eigelbe nacheinander in die Schoko-Milch einrühren. Diese über dem heißen Wasserbad aufschlagen, bis sie eine cremige Konsistenz bekommt. Creme durch ein feines Sieb passieren, in passende Förmchen füllen, auf das Ofengitter stellen und im heißen Ofen 1½ Stunden auf mittlerer Schiene garen. Danach die Creme in den Förmchen ca. zwei Stunden kühl stellen.

■ Aus der Schale von einer Orange hauchdünne Streifen abschneiden. Diese mit Grenadine ca. 15 Minuten köcheln lassen. Alle Orangen mit einem scharfen Messer bis aufs Fruchtfleisch schälen und sorgfältig filetieren.

■ Zucker hellbraun karamellisieren, mit Orangensaft vorsichtig ablöschen (Achtung: das kann spritzen!). Zimt, Sternanis, Kardamom, Nelke und das Vanillemark hinzufügen, Flüssigkeit auf die Hälfte einkochen. Den Orangen-Gewürz-Sud mit der in etwas kaltem Wasser angerührten Speisestärke binden und abkühlen lassen. Durch ein Sieb passieren, mit den Orangenfilets und gekochten Orangenschalen vermischen.

■ Vor dem Servieren die Crème brûlée mit braunem Zucker bestreuen, mit dem Bunsenbrenner oder unter dem vorgeheizten Grill karamellisieren lassen. Orangenfilets mit Gewürzsirup dazu anrichten.

Adresse
Gaststätte
„Zum Deutschen Haus“
Wernborner Straße 1
61250 Usingen-Eschbach
Telefon 06081/3305
www.deutscheshaus-eschbach.de

Öffnungszeiten
Mi–Sa 11.15–14.15 (Küche bis 13.45 Uhr) und 16.30–22.30 Uhr (Küche bis 21.30 Uhr)
So 11–14.30 Uhr (Küche bis 14 Uhr) und 16.30–22 Uhr (Küche bis 21.30 Uhr)

26

Wirtinnen mit Herz, Seele und Witz

Tanja und Lieselotte „Lotti“ Henrici in ihrem Deutschen Haus

Seit über 85 Jahren ist das Deutsche Haus für seine gute Küche bekannt. Den Grundstein legte die Oma, nach deren Kochbuch und Grundsätzen sich die heutigen Inhaberinnen Mutter Lieselotte „Lotti“ und Tochter Tanja Henrici noch immer richten: Regionale Zutaten, gut bürgerlich zubereitet. So soll es auch bleiben und gern auch noch ein paar Generationen weitergehen.

Eschbach ist der größte Ortsteil der Stadt Usingen im Hochtaunuskreis. Er hat 2128 Einwohner und ist unter Kletterern wegen der Eschbacher Klippen berühmt. Aber auch berühmt für das Deutsche Haus, eine Wirtschaft, wie es nicht mehr viele gibt. Eine, in der Familien traditionell ihre Feste feiern, von der Taufe über die Hochzeit bis zum Leichenschmaus. Eine Gastwirtschaft mit kleiner Terrasse im Hof, wo Stammtische eine zweite Heimat finden und Vereine ihr Vereinslokal. Egal, ob Feuerwehr, Schützen- oder Musikverein, man traf und trifft sich im Deutschen Haus. Hier wird Tradition gelebt, sonntags nach der Kirche beim Frühschoppen oder mittwochabends, wenn die Alten Herren tagen. „Am Stammtisch, neben dem Büffet, darf beileibe nicht jeder sitzen“, lacht Tanja Henrici, Vertreterin der vierten Wirtinnen-Generation, die das Deutsche Haus hervorgebracht hat. Selbst bei größtem Andrang bleibt der Tisch so lange unbesetzt, bis Tanja oder Mutter Lotti ihn freigeben.

„Wir sind ein reiner Weiberladen“, schmunzelt Tanja. Neben Mutter und Tochter gehören auch Lottis Schwester Nanni (Marianne) und die gelernte Konditorin Veronika dazu, die seit bald 20

Mitten im Taunus: ursprüngliche Gemütlichkeit.

◀ **Mutter und Tochter haben ihren „Weiberladen“ im Griff.**

Jahren den Service schmeißt. Nicht zu vergessen Marzena, die langjährige Küchenhilfe und längst ein ehrenamtliches Familienmitglied. Im Deutschen Haus lernt traditionell die Tochter von der Mutter das Kochen. Bei Tanja war das nicht anders. Doch obwohl sie gelegentlich Küchendienst macht, ist ihre Domäne das Büffet. Von der Getränkeausgabe hat sie das Geschehen im Blick, die Gäste und die Durchreiche fürs Essen, „damit ich schnell einspringen kann, wo auch immer ich gebraucht werde“.

Dass deutsche Schreinerkunst Jahrzehnte unbeschadet überdauert, beweist das Interieur der beiden Gaststuben im unveränderten und bestens erhaltenen Stil der 1960er Jahre. Das Lokal hat Charme, von den Fliesen bis zu den Maggi-Flaschen auf den Tischen. Zu den Toiletten müssen die Gäste über den Hof. Klar könnte man investieren und umbauen. Doch ändern wollen die Eschbacher Wirtinnen nichts, da sind sie – wie fast immer – einer Meinung. „Das würde den Charakter verfälschen“, sagen sie. Hin und wieder kommt der Maler und streicht die beiden Gasträume. Das war's dann schon. Der Festsaal, eine Treppe höher, wird nur noch gelegentlich genutzt, wenn Feuerwehr oder Vereine feiern. „Wir sind auch ohne Saal gut ausgelastet“, sagen die Wirtinnen.

Die Menage mit Maggiflasche und Bierdeckeln gehört dazu.

Man sollte sich indes nicht täuschen lassen. Was aussieht wie eine Dorfkneipe, ist eine verlässlich gute Adresse der bodenständigen Essklasse. „Wir kochen gutbürgerlich, aber das, so gut wir können“, sagt Lotti. Und das kann sie sehr gut. Kein Wunder, dass immer mehr Auswärtige kommen, denen beim Gedanken an saftige, in der Pfanne gebratene Koteletts mit Kartoffelsalat das Wasser im Mund zusammenläuft.

Stammgäste schauen zwar in die Karte, „bestellen aber immer wieder das Gleiche“, lacht Tanja. Viele Gäste kommen bereits in x-ter Generation ins Deutsche Haus und freuen sich, dass es Orte gibt, an denen die Zeit stehen geblieben scheint. Obwohl die erstaunlich niedrigen Preise in der Speisekarte auf einen Druckfehler schließen lassen, machen die Frauen ihr Geschäft. Rechnen können sie. „Uns gehört das Haus, wir kaufen bei Erzeugern in

unserer Nachbarschaft ein und können darum günstig kalkulieren“, zählt Lotti auf. Sie ist mit Gasthaus, Landwirtschaft und Metzgerei aufgewachsen. Vom Vater, dem Metzgermeister, lernte sie alles über Fleisch, von der Mutter das Kochen. Mit dem Tod des Vaters wurde die Metzgerei aufgegeben, seither bezieht Lotti Fleisch von einem befreundeten Händler aus dem Ort. „Da weiß ich, was ich bekomme“, erklärt sie. Lotti kommt nichts in die Pfanne, das sie nicht selbst essen würde. Hausmannskost, aber vom Feinsten. „Wir machen unser Repertoire“ und bleiben dabei ihren Grundsätzen treu: qualitativ hochwertige Zutaten aus der Region, gekocht nach Rezepten aus „Omas Kochbuch“. Wie schon diese, gibt auch Lotti den Röstzwiebeln mit einem Spritzer von der selbst gemachten Bratensauce den letzten Kick.

Raum ist im kleinsten Hof, so auch im „Sommerlokal“ des Deutschen Haus’.

Das Eschbacher Traditionsgasthaus ist seit über 85 Jahren in Familienbesitz, und Tanja Henrici will, dass das so bleibt. Sie hängt mit Leib und Seele am „Deutschen Haus“. „Entweder man liebt die Gastronomie oder man hasst sie“, sagt die gelernte Hotelfachfrau. Sie mag Beständigkeit, und wenn sie dereinst die Nachfolge ihrer Mutter antritt, will sie alles belassen wie es ist. Auf immer und ewig, gehört ihr Herz der Frankfurter Eintracht, deren Auf- und Abstiege sie seit Jahren miterlebt. Während Tanja mit ihrer Mannschaft fiebert und leidet, gehen Mutter und Tante an den Ruhetagen gern zum Bummeln, am liebsten ins nahe Bad Homburg.

Lottis Küche ist die beste: hausgemacht und bodenständig.

So war es schon immer. Und so wird es hoffentlich auch immer bleiben. „Wir kochen für die Gäste und nicht für Restaurantführer oder Kritiker“, bringt Lotti ihr Credo auf den Punkt. Das Deutsche Haus braucht keine Reklame, der gute Ruf eilt ihm voraus.

Ausflugstipps

Im Freilichtmuseum *Hessenpark* (in Neu-Anspach, 12 km von Eschbach) sind auf über 60 Hektar Fläche gut 100 historische Gebäude, vom Tagelöhnerhaus bis zum Gutshof, zu sehen. Sie wurden an ihren Originalstandorten abgebaut und hier wieder errichtet. Sie laden zur Zeitreise über 400 Jahre in das Leben und Arbeiten der ländlichen Bevölkerung Hessens ein. Veranstaltungen wie Bauernmärkte, Hopfen- und Käsefest sind zusätzliche Attraktionen. *www.hessenpark.de*

Rippchen mit Sauerkraut

Rippchen 800–1000 g Kammrippchen am Stück, durchwachsen und saftig | etwas Salz | 2 Zwiebeln, geschält | 2 Gewürznelken | 2 Lorbeerblätter | 1 Bund Suppengrün

Sauerkraut 1 kg rohes Sauerkraut | 50 g Schweineschmalz | 150 g durchwachsener Speck | 8 Wacholderbeeren | 6 weiße Pfefferkörner | 2 Lorbeerblätter | ½ TL Kümmel | Zucker nach Geschmack | 250 ml Rinderbrühe | 250 ml Wasser oder Apfelwein (nach Geschmack)

Kartoffelpüree 1 kg Kartoffeln, mehlig kochend | Salz | Muskatnuss, frisch gerieben | ½ l Milch | 125 g Butter

mittelscharfer Senf als Beilage

■ Rippchen in einen Topf geben, mit kaltem Wasser auffüllen, bis das Fleisch mit Wasser knapp bedeckt ist. Zwiebeln mit Nelken und Lorbeerblättern spicken. Suppengrün putzen, waschen, klein schneiden und mit den gespickten Zwiebeln zum Fleisch geben. Topf erhitzen, dann das Fleisch zwei Stunden bei ca. 80 °C sieden lassen. Das Wasser darf dabei nicht kochen.

■ Sauerkraut etwas auseinanderzupfen. Schmalz in einen Topf geben, Sauerkraut mit dem ganzen Stück Speck ein paar Minuten anschwitzen. Gewürze in ein Mullsäckchen binden, mit dem Zucker zum Kraut geben. Brühe und Wasser hinzugießen, alles gut vermischen. Das Kraut 30–60 Minuten weich köcheln, dabei öfters umrühren und die verkochte Flüssigkeit wenn nötig mit Wasser ergänzen.

■ Kartoffeln schälen, in Achtel schneiden und in Salzwasser gar kochen. Wasser abschütten, Kartoffeln ausdampfen lassen und stampfen. Mit Milch und Butter glattrühren, mit Salz und Muskat abschmecken.

■ Die gegarten Rippchen zerteilen und mit dem Kraut auf Tellern anrichten. Mit einem Klecks Senf garnieren, das Kartoffelpüree in einer Schüssel auf den Tisch stellen. Dazu passt frisches Roggenbrot.

Schweinekotelett mit Zwiebeln und Bratensauce

4 Stielkoteletts vom Schwein | Steakgewürz* | Salz und weißer Pfeffer, frisch gemahlen | 2 Eier (Größe M) | Paniermehl | 100 g Pflanzenfett zum Braten

Zwiebelgemüse 1 kg Gemüsezwiebeln, geschält | 80 g Butterschmalz | Salz und weißer Pfeffer, frisch gemahlen | 250 ml dunkle Bratensauce

■ Die Koteletts mit Steakgewürz, Salz und Pfeffer würzen. Zuerst in den verquirlten Eiern und dann im Paniermehl wenden. Das Fett in einer Bratpfanne erhitzen. Koteletts einlegen, bei mittlerer Hitze von beiden Seiten goldbraun und knusprig ausbacken. Auf Küchenpapier abtropfen lassen und warm halten.
■ Zwiebeln in Streifen schneiden, im Pflanzenfett scharf anbraten, bis sie glasig sind. Dann die Hitze reduzieren und ca. 20 Minuten köcheln lassen, bis die Zwiebeln gar sind. Bratensauce hinzufügen, nochmals aufkochen, mit Salz und Pfeffer würzen.
■ Zum Servieren die Koteletts auf Tellern anrichten. Großzügig mit Zwiebeln und Sauce bedecken und sofort servieren.

TIPP

Beim Zubereiten eines Bratens oder Schmorbratens einen Teil der Sauce abfüllen und einfrieren, so hat man immer eine gute Sauce zur Hand – auch für Fleischgerichte, die keine Sauce hergeben.

* Steakgewürz: Salz, schwarzer Pfeffer, etwas kleingemörserter, gerösteter Knoblauch, süße rote Paprika, kleingemörsert, Zimtpulver, gemahlene Korianderkörner, gelbe Senfkörner und gemörsertes Bohnenkraut. Nach eigenem Geschmack mischen oder eine fertige Mischung verwenden.

27

Verrückt nach Wasser

Adresse
Hotel, Restaurant & Café
Strandhaus No. 12
Ederseerandstraße 8
34513 Waldeck am Edersee
Telefon 05623/5676 (Büro)
E-Mail mail@strandhaus12.de
www.strandhaus12.de

Öffnungszeiten
Mo–So 12–22 Uhr

Gerlinde Koppelin verbreitet Nordsee-Feeling am Edersee

Als eine der ersten Surferinnen auf dem Edersee brachte Gerlinde Koppelin einst die Einheimischen zum Staunen. Heute staunen sie darüber, was die surfende Wirtin aus der alten Uferbude gemacht hat: Ein schickes Strandhaus, das mit maritimen Elementen, weiß-blau-gestreiften Markisen und guter Frischeküche Schwung in den Tourismus des Waldecker Landes gebracht hat.

„Du und dein See". Diesen Satz hört Gerlinde Koppelin seit ihrer Jugend ständig. Gemeint ist der Edersee im Waldecker Land. Dort hatte die in Fritzlar geborene Gastronomin ein Stück Land geerbt. Jede freie Minute verbrachte sie an „ihrem See". Als eine der ersten Surferinnen befuhr sie den Stausee und auch beim Segeln ist die Hessin sturmerprobt. „Wir sind verrückt nach Wasser", attestiert Gerlinde Koppelin sich und ihrer Familie.

Bei gutem Wetter ist am Strand rund um das Strandhaus einiges los. Doch Gästemassen können die Gastronomin nicht schrecken. Gemeinsam mit ihrem Mann richtet sie seit vielen Jahren Großveranstaltungen aus, organisiert Hochzeiten, Firmen- und Familienfeiern. Gerlinde und Karsten Koppelin sind Profis in Sachen Gastronomie und Veranstaltungen, die so schnell nichts umwirft. Gestählt in unzähligen Events, die sie im Laufe ihrer 25-jährigen Gastronomie-Karriere organisiert haben. Seit sie das Strandhaus übernommen hat, wird auch im angrenzenden Festzelt gefeiert.

Die Strandhaus-Wirtin, eigentlich gelernte Erzieherin, wechselte früh ihr Metier. Sie wollte mehr „Action". Erst im Einzelhandel, dann bei der Organisation von Events. Als sie vom bevorstehenden

Blau-Weiß passt auch gut an Hessens größten Stausee.

◀ Die Frau, die das Wasser liebt: Gerlinde Koppelin.

■ Den Backofen auf 100 °C vorheizen. Tomaten mit Grün von den Zweigen schneiden und mit den Kräutern, Gewürzen und dem Öl in einer feuerfesten Form vermischen. 15–30 Minuten im Backofen garen. Die Tomaten sollen weich, aber nicht geplatzt sein. Bis zum Anrichten an einem warmen Platz ruhen lassen.
■ Die Haut des Zanderfilets mit feinen Schnitten ziselieren, das Filet in portionsgerechte Stücke schneiden. Mit Salz und Pfeffer würzen, im heißen Olivenöl auf der Hautseite braten, bis das Filet erkennbar gegart und die Haut knusprig ist, dann wenden und einige Sekunden fertig garen.
■ Zum Servieren den Perlgraupenrisotto auf vorgewärmten Tellern anrichten. Dazu nach Belieben eine ovale oder runde Anrichteform zu Hilfe nehmen. Je ein gebratenes Stück Zanderfilet halb über den Risotto legen und mit Champagnerschaum überziehen. Mit konfierten Tomaten am Zweig garnieren und servieren.

Schokotörtchen mit Bananen-Basilikum-Eis und Mojito-Erdbeeren

Für 6 Portionen

Schokotörtchen 6 Eier (Größe M) | 250 g weiche Butter | 300 g Edelbitterschokolade, geschmolzen | 1 Prise Zucker | 1 Prise Salz | 1 Prise gemahlene Tonkabohne | 2 EL Weizenmehl (Type 405)

Bananen-Basilikum-Eis 3 Eigelbe | 100 g Zucker | ½ Vanillestange, ausgekratztes Mark | 150 ml Milch | 1 reife Banane, geschält | 1 Bund Basilikum, abgezupfte Blätter | 100 ml Läuterzucker (aufgekochte 1:1-Zuckerlösung, abgekühlt)

Mojito-Erdbeeren 250 g Erdbeeren, geputzt | 2–3 EL Rohrohrzucker | 1 Schuss weißer Rum | ½ Bund Minze, abgezupfte Blätter

■ Den Backofen auf 140 °C vorheizen. Alle Zutaten für die Schokotörtchen gut miteinander verrühren. Masse in gebutterte Souffléförmchen geben, auf ein Gitter stellen und im vorgeheizten Backofen auf der mittleren Schiene zwölf Minuten backen.
■ Für das Eis die Eigelbe und Zucker in einer Schüssel schaumig schlagen. Das Vanillemark mit der Milch verrühren und aufko-

chen. Unter kräftigem Rühren die Milch langsam auf die Eigelbe gießen. Banane klein schneiden, zur Masse geben, alles mit dem Stabmixer fein pürieren. Die Basilikumblätter mit Läuterzucker fein pürieren, durch ein Sieb passieren und mit der vorbereiteten Masse vermischen. In der Eismaschine zu cremiger Konsistenz (ca. sechs Stunden) gefrieren lassen.

■ Die Erdbeeren in Scheiben schneiden, mit Rohrzucker, Rum und Minzeblättern vermischt ein bis zwei Stunden marinieren.

■ Zum Servieren die Schokotörtchen auf Tellern anrichten, mit je einer Kugel Bananen-Basilikum-Eis und marinierten Erdbeeren garnieren.

TIPP

Für die Schokotörtchen kann der Teig statt in Souffléformen in einer passenden, größeren Form gebacken werden. Dadurch verlängert sich die Backzeit um zwei bis drei Minuten. Aus dem erkalteten Biskuit dann die Törtchen mit einem runden Ausstecher herauslösen.

28

Einmal Wirtin, immer Wirtin

Adresse
Ayur Chili Kochschule
Kirchweg 2 a
61276 Weilrod-Mauloff
Telefon 06084/9597990
Fax 06084/9597991
E-Mail info@ayur-chili.de
www.ayur-chili.de

Öffnungszeiten
nach Vereinbarung

Kornelia „Conny“ Armbruster in ihrer chili-heißen Kochschule

Als Wirtin war Kornelia „Conny“ Armbruster für ihre Rumpsteaks berühmt, ließ sich dabei aber nicht in die Töpfe schauen. Seit sie ihren Traum von der eigenen Kochschule realisiert hat, tut sie nichts lieber. Aus frischen Zutaten gutes Essen zu kochen, das dank der richtigen Würzung auch noch die Gesundheit fördert, das vermittelt Conny den Gästen ihrer Ayur Chili Kochschule.

Kochen war „schon immer“ Conny Armbrusters große Leidenschaft. Die ehemalige Wirtin, Köchin und Chefin der Mappesmühle im Taunus hat ihre Passion heute zur neuen Profession gemacht. Losgelöst vom Stress einer turbulenten Restaurantküche mit Öffnungszeiten fast rund um die Uhr, lässt es Armbruster in ihrer schicken Lehrküche nun ruhiger angehen. Deren Name „Ayur Chili“ weist auf ihre Ausrichtung hin: Ayurveda. Conny hat die positiven Wirkungen am eigenen Leib erfahren.

In der Mappesmühle war sie nach dem Herzinfarkt ihres Ex-Mannes von heute auf morgen Chefin. Über 20 Mitarbeiter, fast kein Ruhetag, bis zu 200 Essen kochte sie täglich, dazu die Mühlen-Disco mit *Action* bis in den frühen Morgen. Insgesamt 22 Jahre stand sie dort in der Küche, briet die legendären Steaks, war „draußen im Lokal“ bei den Gästen, kümmerte sich, „wie das halt so ist, als Wirtin“. Irgendwann war ihre Kraft zu Ende, sie verkaufte und gönnte sich eine Auszeit. Über ihre Leidenschaft fürs Kochen entdeckte sie Ayurveda, die jahrtausendealte Lehre, in der Ernährung und gesunde Lebensweise die beiden wichtigsten Säulen darstellen. Gewürze, Kräuter, Lebensmittel und Zubereitungsmethoden

Eine Kochschule mitten im Grünen – eigener Kräutergarten inklusive.

◀ Gesund und köstlich: Mit Conny Armbruster macht Kochen Spaß.

regulieren und harmonisieren die Lebensenergie. Da Conny auch ein Faible für traditionelle hessische Küche hegt, hat sie daraus ihren eigenen Stil entwickelt: Ein kreatives Crossover, gespickt mit mediterranen Elementen, frei nach dem Credo: „Du kannst alles essen, du musst nur wissen, wann und mit welchen Gewürzen."

Das Interesse an ihrem Angebot ist vom ersten Tag an groß. Es gibt offene Kurse mit bestimmten Themen. Die Kunden aus Frankfurt, Bad Homburg und Kronberg können aber auch spezielle Themen buchen oder Events ausrichten lassen. Bei Conny kann man zudem alles über ganzheitliche Ernährung erfahren, etwa, wie man „Agni", das Verdauungsfeuer beziehungsweise den Stoffwechsel, durch die richtigen Gerichte und Gewürze anregt.

Entschleunigung pur, mitten im Heilpflanzengarten.

Sie fackelt nicht lange, bindet ihren Schülern noch beim Begrüßungsdrink die Schürzen um und gibt erste Anweisungen. Sie erklärt ihre Gewürz- und Kräuterphilosophie und erläutert die vorgesehenen Zutaten. „In der Regel kochen wir bis zu zehn Gerichte", wobei alle an Vorbereitung und Schnippeln mitarbeiten können. Am langen Esstisch in der hellen Küche wird gemeinsam gespeist. Sie hat sie ausgestattet mit Dampfgarer, Lavasteingrill und Gasherd: „Als passionierte Köchin brauche ich eine Flamme."

Genuss steht bei ihr im Mittelpunkt, Harmonie kommt durch die Würzung ins Gericht. Mit Schwarzkümmel und Senfsaat „erleichtert" Conny die Wirkung von Kohl. Die Gewürze werden dabei in Ghee nur angeschwitzt. Das ist geklärtes Butterschmalz, das sie selbst herstellt. Nach dem Motto: „Der Körper holt sich aus der Gewürzmischung, was er braucht", hat sie ihre ganz eigenen Gewürzmischungen zusammengestellt. Beliebt ist „Euphorie", aus zehn verschiedenen Ingredienzien wie Kurkuma, Chili, Fenchelsamen, Anis und Kreuzkümmel. Neben Rosmarin, Thymian, Liebstöckel und Petersilie warten exotisch anmutende Zutaten auf ihren energiefördernden Einsatz. In Connys Gewürzgarten gedeihen zu-

Gewürze, Kräuter, Chutneys, Weine und Bücher auf sechs Regalmetern.

dem rund 100 Kräuter, neben bekannten auch vergessene heimische Sorten wie Erdbeerminze oder Exoten wie mexikanischer Blattpfeffer.

Das „Zupacken“ hat Conny, deren Eltern eine kleine Landwirtschaft hatten, früh gelernt. Sie ließ sich erst zur Restaurantfachfrau ausbilden, dann zur Köchin und entdeckte ihre Freude am Umgang mit Gästen, am Verkaufen, Beraten und am „Show“-Aspekt in der Gastronomie. Alles Kenntnisse, die ihr nun zugute kommen. Stolz ist Conny Armbruster auch auf ihre Zugehörigkeit zur Köchevereinigung „Sieben auf einen Streich“. Sieben Gastronomen aus dem Taunus interpretieren die gutbürgerliche Küche neu und laden zu Spektakeln ein, die eine Mischung aus Kochshow, Menü und Mitkochen sind – also ganz nach Connys Geschmack: „Wirtin sein, Gäste haben und bewirten – das ist mein Leben.“ Egal, ob sie sie bekocht oder ihnen das Kochen beibringt: Gastgeberin ist Gastgeberin.

Ausflugstipp

Rund 20 Minuten von Mauloff entfernt, kann man auf den Spuren der Römer wandeln im *Römerkastell Saalburg*. Es ist Teil des UNESCO-Welterbe Limes und diente der Grenzüberwachung zwischen Römischem Reich und germanischen Stammesgebieten. Besucher können Geschichte, Kultur und Lebensart einer Epoche vor nahezu 2000 Jahren erkunden. Um das Kastell herum gibt es unzählige Wanderwege. *www.saalburgmuseum.de*

Aus dem ehemaligen Kindergarten im Hofgut wurde 2011 die Kochschule.

Mung-Dal-Süppchen

1 rote Chilischote | je 1 Prise Fenchelsamen, Anis, braune Senfsaat, Kalonji (Schwarzkümmel), Kreuzkümmel und Kurkuma | ½ TL Ajwain (Ajowan, orientalisches kümmelähnliches Gewürz, erinnert im Geschmack an Thymian) | ½ TL Asafoetida (Asant, afghanisches/indisches Gewürz, erinnert im Geschmack an Lauch und Knoblauch) | 1 Zwiebel | 1 Knoblauchzehe | 1 kleines Stück frischer Ingwer | 500 g gelbe Mungbohnen, geschält und halbiert | 1 EL Ghee (geklärtes Butterschmalz) | 2 ½ l Wasser | 1 EL Bockshornkleeblätter | Salz

■ Chilischote entkernen, klein würfeln, mit den Gewürzen in einem Mörser gut zerstampfen. Zwiebel, Knoblauch und Ingwer schälen, in feine Würfel schneiden. Mungbohnen in einem Sieb unter Wasser waschen, bis das Wasser klar bleibt, und abtropfen lassen.
■ Das Ghee in einem Topf erhitzen, Gewürze aus dem Mörser unterrühren und köcheln, bis die Gewürze stark duften (die Senfsamen dürfen dabei noch nicht springen). Zwiebel, Knoblauch und Ingwer dazugeben und glasig anschwitzen.
■ Mungbohnen hinzufügen, mit Wasser auffüllen und ca. 45 Minuten köcheln lassen. Bockshornkleeblätter unterrühren, die Suppe zum Schluss nach Geschmack mit Salz würzen.

Schweinelendchen mit Rosensauce

Rosenbutter 1 Handvoll Duftrosenblätter, ungespritzt | 250 g Butter | 100 g Puderzucker | 1 Prise Vanillepulver
600 g Schweinelende, pariert | 2 EL Ghee zum Braten | 1 Zwiebel | 100 ml Weißwein | 120 ml Sahne/Rahm | Salz und weißer Pfeffer, frisch gemahlen | einige Duftrosenblätter, ungespritzt

■ Vorbereitung: Mindestens drei Tage vor Zubereitung die Rosenblätter waschen, auf einem Tuch vorsichtig trocknen und klein schneiden. Butter mit Puderzucker, Vanille und den Rosenblättern verkneten, zu einer Rolle formen und in Frischhaltefolie gewickelt im Kühlschrank ruhen lassen.

■ Den Backofen auf 80 °C vorheizen. Die Schweinelende in Medaillons schneiden, in einer heißen Pfanne mit Ghee englisch braten, d. h. das Fleisch soll innen noch leicht blutig sein. Die Medaillons aus der Pfanne nehmen, in Alufolie wickeln und im Backofen heiß stellen.

■ Die Zwiebel schälen, in kleine Würfel schneiden, in der Pfanne im verbliebenen Brattfett glasig anschwitzen. Weißwein und Sahne zugießen, auf die Hälfte einkochen. Pfanne vom Herd ziehen, ein 2 cm breites Stück Rosenbutter hineinrühren, mit Salz und weißem Pfeffer abschmecken.
■ Die Medaillons auf Tellern anrichten, mit Rosensauce begießen, evtl. mit frischen, ungespritzten Rosenblättern garnieren.
■ Dazu passen Salzkartoffeln oder Reis.

TIPP
Die restliche Rosenbutter lässt sich gut portionsweise einfrieren und z. B. für Rosenpfannkuchen verwenden.

Kaninchen à la Conny

100 g Rosinen | 1 cl Sherry
8 Kaninchenkeulen | Salz und weißer oder schwarzer Pfeffer, frisch gemahlen | Olivenöl zum Braten
1 große Zwiebel, geschält | 3 Knoblauchzehen, geschält | 2 EL Olivenöl | 1 Chilischote, entkernt und fein geschnitten | je ½ EL gehackte Kräuter: Rosmarin, Thymian, Oregano, Basilikum und Salbei | 2 TL Zimtpulver | 1 TL Zucker | ca. ½ l trockener Weißwein | 250 ml Gemüsebrühe

■ Die Rosinen drei Tage in Sherry abgedeckt einweichen.
■ Den Backofen auf 200 °C vorheizen.
■ Kaninchenkeulen mit Salz und Pfeffer würzen, in einer Pfanne im Olivenöl von allen Seiten hellbraun anbraten.
■ Zwiebel und Knoblauch fein würfeln, in einem Schmortopf in Olivenöl goldgelb braten. Alle restlichen Zutaten dazugeben, aufkochen und fünf Minuten bei starker Hitze garen. Angebratene Keulen einlegen und im vorgeheizten Backofen ca. eine Stunde schmoren.
■ Kaninchenkeulen herausnehmen und warm halten. Die Sauce auf dem Herd nach Belieben noch etwas einkochen, mit Salz und Pfeffer abschmecken.

TIPP
Dazu passen Bandnudeln oder Basmatireis.

29

Hier gehts um die Wurst

Adresse
Curry Manufaktur
Am Römertor 3
65183 Wiesbaden
www.curry-manufaktur.de

Öffnungszeiten
Mo–Do 11–20 Uhr
Fr und Sa 11–20.30 Uhr

Jessica Heinemann-Maselli in ihrem Edel-Imbiss „Curry Manufaktur“

Auch scheinbar einfache Gerichte wie eine Curry-Wurst lassen sich so oder so zubereiten. Jessica Heinemann-Maselli hat sich für „gut und köstlich“ entschieden. Ihr kleines feines Imbiss-Reich baut auf Curry-Wurst, Pommes und köstlichen Saucen auf. Qualität und Geschmack sind Garanten des erfolgreichen Geschäftsmodells, mit dem die clevere Diplom-Betriebswirtin zur beliebten Wirtin und Unternehmerin wurde.

Schicker Imbiss mitten in Wiesbaden.

Bei Jessica Heinemann, geborene Maselli, dreht sich seit 2001 alles um die Curry-Wurst. Diese muss frisch und köstlich sein. Da kennt die Wiesbadenerin kein Pardon. Sie begeistert ihre Kunden mit immer neuen Geschmacksvariationen. Denn die quirlige Blondine ist Herz und Seele der Curry Manufaktur und kann Experimentierfreude, Kreativität und Engagement in ihrer Firma voll ausleben. Jessica Heinemann-Maselli ist mit dem Imbisswagen ihres Vaters aufgewachsen. Viele Jahre versorgte er die Wiesbadener Wochenmarktbesucher mit Würsten und Pommes. Als Teenager jobbte sie jedoch lieber in einer Parfümerie als beim Vater. Für die Tochter einer Wiesbadenerin und eines Franzosen war Gastronomie „erstmal“ keine Option. Nach dem Abi wollte sie „weg“, und kehrte als Betriebswirtin zurück in die Kurstadt. Erst 2001, während des Studiums, übernahm sie dann doch den Betrieb des Vaters. Bis heute steht ihr Imbisswagen an drei Tagen auf den Wochenmärkten am Wiesbadener Schlossplatz und im Stadtteil Bierstadt. „Die Marktkollegen gaben mir einen Winter“, erinnert sich die Jungunternehmerin. Sie haben das Durchhaltevermögen der damals 24-Jährigen

◀ Jessica Heinemann-Maselli hat für alle die richtige (Curry-) Wurst und Sauce.

Best of Curry-Wurst!

unterschätzt. Noch heute macht ihr der Job auf dem Markt „tierisch viel Spaß". Doch sie träumte von einem festen Ladengeschäft. Ein schicker Wurstimbiss wie in Belgien und Holland schwebte ihr vor, mit lecker' Würstchen, Pommes aus frischen Kartoffeln und delikaten Saucen. In ihrer Phantasie entsteht die Curry Manufaktur. Wie es der Zufall will, fällt die patente Jessica einem soignierten Herrn auf: ihrem künftigen Vermieter. Er bietet ihr einen Laden in Citylage für ihren Imbiss an. Die Adresse „war als Animierlokal mit Bordell vor allem als verkehrsgünstig bekannt", lacht Jessica im Nachhinein. Sie ließ sich nicht schrecken.

„Nur nicht verzetteln": Die Konzentration auf ein Produkt – Curry-Wurst – nutzt Jessica Heinemann-Maselli, um es zu perfektionieren. Auch die Pommes sind deutlich dicker und länger und werden zwei Mal in Rapsöl frittiert; das schmeckt einfach besser. Die Saucen kauft sie in Belgien, einige sind hausgemacht, etwa die Trüffelmayo. Natürliche Zutaten ohne Konservierungsstoffe sind Voraussetzung für alle Geschmacksrichtungen bei den Pommessaucen, von Béarnaise über Samurai, Hawaii, Hot Shot bis Joopie. Bei allem gilt als Kriterium: „Was uns selbst nicht schmeckt, wird ausgemustert."

Imbiss mit Kronleuchter? Wiesbaden, das Kurbad der Kaiser und Könige, war schon immer ein bisschen feiner.

Saisonale Küche? Das geht auch mit Wurst. Mal ist es eine Frühsommer-Kreation mit Pute und Bärlauch, im Herbst gibt's Gänsewürstchen oder Weihnachtswürstchen, abgeschmeckt mit Zimt. Die jeweils 140-Gramm-schweren Würste stellt ein lokaler Metzger „meines Vertrauens" aus regionalem Fleisch speziell für die Curry Manufaktur her. Er liefert fünf Mal pro Woche, alles frisch. Denn zu diesem Konzept passt, dass es in der Curry Manufaktur keine Kühlräume gibt, nur einen großen Kühlschrank in Jessicas Lieblingsfarbe Pink. Klar, dass auch eine Bio-Bratwurst zum Sortiment gehört, während das „Wiesbaden Menü" Jessica Heinemann-Masellis liebevolle Verbeugung vor der noblen Kurstadt Wiesbaden ist: Zu einer mit Blattgold gekrönten Curry-Wurst reicht sie ein Glas Prosecco. Zubereitet werden die Würste nicht wie meist üblich auf einer Grillplatte, sondern auf einem Rost, durch den das Fett abtropft. Gepaart mit einer extra starken Lüftung ist das Geruchsproblem, das eigentlich jeden an einer „Pommesbude" stört, weitgehend eliminiert.

Vor allem mittags geht es rund in dem schmucken Imbiss. Abends ist es ruhiger, und wenn die Geschäfte der Innenstadt um 20 Uhr schließen, werden auch in der Curry-Manufaktur die Grills ausgeschaltet. „Da wir alle Familie haben, sind unsere Öffnungszeiten ideal."

Das gewisse Etwas der Curry Manufaktur macht ganz sicher auch das Selbstverständnis ihres 25-köpfigen Mitarbeiterteams aus. „Wir fühlen uns als Gastgeber", bringt es Jessica Heinemann-Maselli auf den Punkt. Zudem ist es nicht „nur einfach Fast Food", das sie ihren Gästen offeriert: „Auch ein Rindswürstchen hat mal auf der Weide gestanden." Es ist egal, was Du machst, Du musst es nur mit Respekt tun. Diesem Satz des Fernsehkochs Christian Rach stimmt Jessica Heinemann-Maselli aus ganzem Herzen zu.

Ohne Familie würde sie ihr Pensum nicht schaffen. In Bad Schwalbach wohnen die Eltern Maselli, Jessica, Ehemann Andreas Heinemann und drei Hunde unter einem Dach. Seit Ende 2012 ihr Sohn Tim auf der Welt ist, hat die Imbiss-Chefin ihre Arbeitszeit reduziert. Sie weiß ihren Laden gut bestellt. Im Leben als Unternehmerin sieht sie ohnehin mehr Vor- als Nachteile. „Man kann wirklich etwas gestalten", schwärmt Heinemann-Maselli. Etwas unternehmen, „das ist mein Ding".

Lieblingsfarbe Pink und hausgemachte Saucen, wie die Avocado-Mayo.

Ausflugstipps

Auf Wiesbadens Hausberg, den *Neroberg*, führt Europas älteste mit Wasserballast angetriebene Standseilbahn. Sie steht als letzte *Bergbahn* dieses Typs unter Denkmalschutz. Auf einer Streckenlänge von 438 Metern überwindet sie eine durchschnittliche Steigung von 19 Prozent, wobei der talwärts fahrende Wagen den bergwärts fahrenden Wagen durch seine Schwerkraft und durch Ballastwasser nach oben zieht. *www.nerobergbahn.de*

Auf dem Berg steht die russisch-orthodoxe Kirche mit ihren vergoldeten Kuppeln, der Monopteros, mit tollem Blick auf die Stadt und das Opelbad, das als eines der schönsten Freibäder in Deutschland gilt.

Die Wahl der Wurst

Die folgenden Sorten eignen sich besonders gut zur Zubereitung auf dem gusseisernen Grill oder auf einem Gasgrill:

- mittelgrobe Bratwurst
- Rindswurst (100 %)
- Käseknacker (Schwein und Rind gemischt mit Käsewürfeln)
- Geflügelwurst (100 %)
- Bio-Bratwurst

Die richtige Sauce

Fertigsaucen kaufen kann jeder. Eine selbst gemachte Currysauce oder Mayonnaise schmeckt meist besser und peppt jeden Grillabend kulinarisch auf. Die Curry-Variationen der Curry Manufaktur unterscheiden sich nach Schärfegraden und Geschmacksrichtungen und lassen sich miteinander kombinieren.

Süß-scharfe Currysauce

für 600 ml Sauce
½ l Cola | 6 EL Apfelmus | 2 EL scharfes Currypulver | 1 TL Tabasco | 2 EL Worcestershire-Sauce | 2 TL Limettensaft | 400 ml Ketchup | Salz | Currypulver zum Bestreuen

- Cola in einem Topf auf 100 ml einkochen. Apfelmus unterrühren, dann Currypulver, Tabasco, Worcestershire-Sauce und Limettensaft dazugeben. Die Sauce unter Rühren aufkochen, abschließend mit Ketchup vermischen und mit Salz abschmecken. Die Sauce ist, im Kühlschrank gelagert, einige Tage oder bis zum nächsten Wochenende haltbar.
- Diese Currysaucenvariation passt besonders gut zu einer gegrillten, mittelgroben Bratwurst. Vor dem Servieren mit etwas Currypulver bestreuen.

Grundrezept für Mayonnaise

Für 2–4 Portionen
1 frisches Eigelb | ½ TL Essig | 150–200 ml Pflanzenöl | ½–1 TL Zucker (nach Geschmack) | 1 TL Senf | Salz und Pfeffer

■ Eigelb in einer Schüssel mit dem Schneebesen verrühren. Essig dazugeben, dann das Öl erst tropfenweise, später im dünnen Faden unter kräftigem Rühren einarbeiten. Die Mayonnaise wird immer heller und dicker. Wenn die gewünschte Konsistenz erreicht ist, nach Belieben mit Senf, Zucker, Salz und Pfeffer würzen.

TIPP
Damit die Mayonnaise gelingt, müssen alle Zutaten Raumtemperatur haben. Wer sie lieber etwas saurer mag, lässt den Zucker weg.

Avocado-Mayonnaise

Mayonnaise-Grundrezept (siehe oben) | 1 Avocado | ½ rote Zwiebel, geschält | ½ rote Chilischote, entkernt | Tabasco (nach Geschmack)

■ Avocado halbieren, Kern entfernen und das Fruchtfleisch mit einer Gabel zu Mus verdrücken. Sofort mit der Mayonnaise vermischen.
■ Zwiebel sehr fein würfeln, Chilischote sehr klein hacken.
■ Beides unter die Sauce rühren, mit Tabasco abschmecken und servieren.

TIPP
Bei der Verarbeitung der Chilis am besten Handschuhe anziehen, damit hinterher nicht alles brennt, was man anfasst.

30

Künstlerwirtin im Rotkäppchenland

Annemarie Kalbfleisch in ihrer guten Stube, der „Gürre Stubb"

Adresse
Gürre Stubb
Bernsburger Straße 1
34628 Willingshausen
Telefon 06697/919100
Fax 06697/9199233
www.dieguerrestubb.de

Öffnungszeiten
Mi-So ab 11.30 Uhr
Mo/Di Ruhetag

So klein Willingshausen mit seinen 830 Einwohnern sein mag, so bedeutende Spuren hat es in der Kunstgeschichte hinterlassen: Als ältestes europäisches Künstlerdorf. Und als eine Heimat des Platz, Ploatz oder Blotz, wie ihn Annemarie Kalbfleisch im Holzofen ihrer Gürre Stubb bäckt.

„Wenn die Maler kamen, gab es Leben im Dorf", hieß es früher in Willingshausen. Heute kommen Kreativurlauber und Kunstinteressierte, tanken Kraft und Inspiration, besuchen Landschafts- und Ateliermalkurse, Bildhauerworkshops oder üben sich in Actionpainting und meditativem Malen. Gastlicher Mittelpunkt ist die Gürre Stubb, die „gute Stube" des Dorfes, mit ihrer Wirtin Annemarie Kalbfleisch.

Alles lokal und regional ist bei der Wirtin, die alle nur „Marlies" nennen, kein Lippenbekenntnis. Zutaten bezieht sie aus der Umgebung, serviert wird auf Tongeschirr vom Dorftöpfer. Den Ansatz für ihren Natursauerteig pflegt sie seit vielen Jahren. Er ist wesentlicher Bestandteil des Gerichts, für das die Wirtin der Gürre Stubb weithin berühmt ist: den Platz. Das Gericht mit den vielen Namen – Ploatz, Bloads, Blaatz oder Plootz – ist in Oberhessen und der Rhön bekannt und Nebenprodukt traditioneller Backtage. Solange der Ofen noch heiß vom Brotbacken ist, wird dieser Blechkuchen darin gebacken. Ein Boden aus Brotteig wird belegt mit würziger Kartoffelmasse, Schmand, Lauch, Dörrfleisch, Zwiebeln und Kräutern oder – als süße Variante – mit Äpfeln. Die Köchin aus Leidenschaft kann sich immer wieder freuen, „wie aus so wenig

Eine gute Stube für Küche, Kunst und Tradition.

◀ „Marlies" Kalbfleisch – Wirtin mit Leib und Seele.

Zutaten so was Tolles werden kann". Deshalb steht sie gern jeden zweiten Freitagmorgen ab 6.30 Uhr in ihrer Küche, feuert an und schiebt Blech um Blech in den Holzbackofen. Kaum gebacken – fast schon ausverkauft: „Man sollte sich welchen reservieren." Sie selbst mag am liebsten die Varianten Petersilie – „nur krause Petersilie" – und Zwiebeln mit Speck. Sobald der Platz gebacken ist, schiebt sie das Brot. „Ich mache das umgekehrt wie normal", kommentiert sie diese Abweichung von der Tradition.

Dass die gelernte Hauswirtschafterin eine hervorragende Köchin ist, beweist auch ihr „normales" Speisenrepertoire mit Schnitzeln, Wurstspezialitäten bis hin zum Strammen Max und herrlichen Kuchen und Torten. Die deftigen Schwälmer Spezialitäten kocht sie auf Vorbestellung für Familienfeiern und Hochzeiten. Zu einem solchen echt Schwälmer Essen gehört neben Rindfleisch mit Meerrettichsauce vor allem die Wecksupp', eine „Suppe mit Gabel", bei der altbackene Brötchen mit „guter Rinderbrühe" aufgegossen werden. „Die Brötchenbrocken sollen sich vollsaugen, aber nicht schwimmen", ergänzt die Wirtin. Deshalb Gabel statt Löffel. Typisch Schwalm sind auch Arme Ritter, die hier „Weckschneere" heißen, Kartoffelpuffer oder „Fetthänns", außerdem „gefillt Heet" – gefülltes Weißkraut – und „Schalett", das sind „dicke fette Pfannkuchen" mit Wurst, Lauch, Möhren und Speck obendrauf.

Zutaten für eine Spezialität mit Tradition: Schalett – dicke Pfannkuchen vom Blech.

Zur „Unternehmerin im Landtourismus" wurde die gelernte Hauswirtschafterin in einem Existenzgründungsseminar für Landfrauen, die einen Hofladen einrichten oder ein Hofcafé eröffnen wollten. In Sachen Kochen und Haushaltsführung konnte man der Marlies wenig beibringen. Doch mit dem theoretischen Rüstzeug versehen, wurde aus der Landfrau Annemarie Kalbfleisch eine Gastronomin und Wirtin mit Leib und Seele – und großem Herzen.

Im Alter von 48 Jahren startete sie 1998 in die Selbständigkeit. Das Timing war ideal: Die drei Töchter waren aus dem Haus, verheiratet oder im Studium. Und die frühere Stallscheune des Bauernhofs war der ideale Ort für die Gaststube. Dort wo früher das

Das Sauerteigbrot aus dem Holzbackofen ist begehrt.

Scheunentor war, führt heute die Tür ins Lokal, hinter der Terrasse beginnen Naschgarten und Streuobstwiesen. Das Café floriert, fünf Pensionszimmer mit zehn Betten werden ausgebaut. Tochter Erika, gelernte Schreinerin und Architektin, hat den mustergültigen Ausbau betreut. Seither können die Teilnehmer der Malschule in der Gürre Stubb nicht nur gut essen, sondern auch komfortabel logieren.

Die beschauliche Landschaft begeisterte auch die Gebrüder Grimm. Sie fanden in der Schwälmer Tracht ein Vorbild für ihr „Rotkäppchen". Zu dieser Tracht gehören weiße Strickstrümpfe, ein schwarzer Leinenrock, mehrere Unterröcke, das Fransentuch und der „Schnatz", die typische Frisur, die anderswo Dutt heißt. Und darauf die rote Kappe, die einst unverheiratete Frauen bis zum 30. Lebensjahr trugen. Noch heute legen die Kalbfleischs ihre Tracht zu besonderen Festtagen an. Oder wenn sich eine Gruppe fürs Kulturprogramm angesagt hat. Dann erzählt Annemarie Kalbfleisch, wer wann welche Tracht und Farben tragen durfte, wie es in einer Spinnstube zuging, was es mit der Weißstickerei der Willingshäuser Frauen auf sich hat und vieles mehr.

Zum Idealbild der typisch deutschen Wirtin avancierte Marlies jedoch im japanischen Fernsehen. Für einen Bericht über die Deutsche Märchenstraße backte sie vor der Kamera eine „Rotkäppchen-Torte", eine Abwandlung der bekannten Donauwelle, gekrönt von rotem Tortenguss. Sie selbst mag die Kreation nicht besonders, aber die Japaner, die seither nach Willingshausen kommen, „sind ganz wild darauf". Lob für ihr Essen hat Marlies früher nie bekommen. Heute lacht sie und scherzt: „So alt musste ich werden, um Anerkennung zu bekommen."

Annemarie Kalbfleisch in Schwälmer Tracht mit ihrem Enkel.

Ausflugstipps

Ins *Künstlerdorf Willingshausen,* den hübschen Fachwerkort zwischen Vogelsberg, Knüll- und Kellerwald, kamen die ersten Künstler ab 1830. Sie waren fasziniert von den sanften Hügeln, den ursprünglichen Tälern und dem einzigartigen Licht der Schwalm. In ihren Kunstwerken hielten sie Landschaft und bäuerliches Leben fest. An die Tradition der Künstlerkolonie knüpfen heute Mal- und Kreativkurse an. *www.malerkolonie.de*

Grüner Platz (Petersilienplatz)

Für 1 Backblech/8–10 Portionen
3–4 helle Brötchen | 200–400 ml Sahne/Rahm (je nach Alter der Brötchen) | 3–4 Eier, Größe M | 500 g Petersilienblätter, fein gehackt | Salz und weißer Pfeffer | 750 g Brotteig (Sauerteig-Backmischung aus dem Reformhaus oder Brotteig vom Bäcker) | 300 g magerer, geräucherter Bauchspeck | Öl zum Fetten des Blechs

■ Die Brötchen klein schneiden, mit der Sahne vermischen und einweichen. Eier und fein gehackter Petersilie dazugeben, alles gut vermengen, mit Salz und Pfeffer würzen.
■ Das Blech mit Öl fetten und den Brotteig darauf verteilen. Die Petersilienmischung daraufgeben und glattstreichen. Den Bauchspeck in Streifen schneiden und über die Petersilienmischung streuen. Mit einem Küchentuch bedecken, an einem warmen Ort 20–30 Minuten gehen lassen.
■ Den Backofen auf 220 °C vorheizen.
■ Den Platz in der unteren Ofenhälfte 20–30 Minuten backen.

Zwiebelplatz mit Kümmel

Für 1 Backblech/8–10 Portionen
4–5 Gemüsezwiebeln | Öl für das Blech | 1 EL grobes Salz | 1 EL Kümmel | 750 g Brotteig (siehe oben) | 2 EL Sahne/Rahm | 2 EL Öl

■ Zwiebeln schälen, in 1 cm dicke Scheiben schneiden. Die Fettpfanne des Backofens oder ein anderes, hochwandiges Blech gut

ölen. Den Blechboden mit Salz und Kümmel bestreuen. Diesen dann eng mit Zwiebelscheiben belegen, der Boden soll komplett bedeckt sein. Den Brotteig ca. 2 cm dick ausrollen und darüberlegen. Die Sahne mit dem Öl verrühren, auf den Brotteig streichen und das Ganze mit dem restlichen Salz bestreuen. Den Platz an einem warmen Ort 20–30 Minuten gehen lassen.

■ Den Backofen auf 220 °C vorheizen.

■ Den Platz in der unteren Backofenhälfte 20–30 Minuten backen.

TIPP

Freitagmittags gibt es in der Gürre Stubb ein Platzgedeck: Platz in allen Variationen zum Sattessen, serviert mit Kaffee.

Schalett – dicker „Pfannkuchen"

Für 1 Backblech/ca. 6 Portionen

2 kg Kartoffeln | 1–2 Karotten | 6 Scheiben Weißbrot | 2 EL Butter | 200 g Rote Wurst | Salz und weißer Pfeffer | Schweineschmalz | Speckwürfel (nach Geschmack)

■ Kartoffeln schälen und fein reiben, im Sieb abtropfen lassen, dabei die Kartoffeln leicht ausdrücken. Karotten schälen, ebenfalls fein reiben und zu den Kartoffeln geben. Weißbrot in kleine Würfel schneiden, in einer Pfanne in Butter anrösten.

■ Den Backofen auf 200 °C vorheizen.

■ Die Wurst in Würfel schneiden, dann alle Zutaten miteinander vermengen, mit Salz und Pfeffer abschmecken.

■ Ein Blech großzügig mit Schmalz einfetten, die Masse gleichmäßig darauf verstreichen. Im vorgeheizten Backofen je nach Dicke 30–50 Minuten backen, bis das Schalett knusprig und gar ist.

■ Oder nach einer Viertelstunde Backzeit das Schalett mit Speckwürfeln bestreuen und fertig backen.

■ Dazu passt knackiger, gemischter Salat mit Kräutern.

Rezepte von A bis Z

Wenn nicht anders vermerkt, sind die Rezepte für 4 Portionen berechnet.

Taunus

Frankfurt am Main

Weinberge bei Eltville

In dieser Buchreihe bereits erschienen

Bayrische Weiberwirtschaft'n

Text: Hannelore Fisgus
Fotos: Barbara Lutterbeck
Konzeption: Ria Lottermoser

ISBN 978-3-7750-0621-7

Südtiroler Weiberwirtschaften

Text: Elisabeth Augustin
Fotos: Anneliese Kompatscher
Konzeption: Ria Lottermoser

ISBN 978-3-7750-0649-1

Weiberwirtschaften Rheinland-Pfalz

Text: Christa Aubel und Barbara Feyerabend, Fotos: Angela Francisca Endress

ISBN 978-3-7750-0504-3

Neue Rezeptideen und weitere Infos rund um unser Buchprogramm finden Sie unter *www.haedecke-verlag.de* und *www.mizzis-kuechenblock.de*!

Barbara Goerlich lebt und arbeitet als Journalistin und Buchautorin in Frankfurt am Main. Ihre hessische Wahlheimat empfindet die gebürtige Schwäbin als wunderbare Ergänzung zu ihren Reisen in alle Welt, wo sie am liebsten in fremde Kochtöpfe schaut und stets auf der Suche nach interessanten Orten, schönen Hotels und spannenden Menschen ist. Darüber schreibt die gelernte Hotelfachfrau und Betriebswirtin in Magazinen wie „Der Feinschmecker", „SlowfoodMagazin", Business Traveller u.a. und in Büchern.

Angela Francisca Endress und ihr Kürzel AFE haben in der Food-Fotografie einen sehr guten Klang. Die gebürtige Hessin lebt im genussreichen Franken. Als studierte Fotografin berichtet sie mit diesem Medium über schmackhafte Küche, Menschen und Heimaten. Sie arbeitet für Buch- und Zeitschriften-Verlage, Bildagenturen und renommierte Unternehmen zum Thema Tisch-, Ess- und Garten-Kultur.

Dank
Das Buch entstand nach einer Idee von Ria Lottermoser, die mit ihrem Buch „Bayrische Weiberwirtschaft'n" den Grundstein für diese Reihe legte.

Hinweise und Abkürzungen
TL – Teelöffel; EL – Esslöffel; Msp – Messerspitze; cl – Zentiliter (1/100 Liter); ml – Milliliter (1/1000 Liter); g – Gramm; kg – Kilogramm; Ø – Durchmesser; cm – Zentimeter; ca. – circa

Die Rezepte sind – soweit nicht anders vermerkt – für vier Portionen berechnet. Die Löffelangaben beziehen sich auf das gestrichene Maß. Die Backofentemperaturen sind für die Zubereitung in einem normalen Elektroofen mit Ober- und Unterhitze angegeben, sofern nicht anders vermerkt. Für die entsprechende Temperatur bei Gas- oder Umluftbacköfen bitte die Herstellerangaben beachten.

ISBN 978-3-7750-0648-4

www.haedecke-verlag.de
4 3 2 1 | 2016 2015 2014 2013

Autorin: Barbara Goerlich
Rezeptredaktion: Christine Messer-Hausch
Alle Fotos: Angela Francisca Endress (das Titelbild wurde im Innenhof von Breuer's Rüdesheimer Schloss aufgenommen)
Karte auf Seite 6: © shutterstock.com/Richard Laschon
Layout und Satz: BUCHFLINK Rüdiger Wagner, Nördlingen
Gesetzt in der Helvetica und Rotation
Umschlaggestaltung: Julia Graff/Hädecke
Reproduktion: FSM Premedia, Münster
Gesamtherstellung: Offizin Andersen Nexö

Printed in Germany 2013